AF564838

वैदिक बीजगणित

लेखकों की अन्य रचनाएँ

वैदिक अंकगणित

खेल-खेल में गणित

गणित के रोचक खेल

वैदिक बीजगणित

वीरेंद्र कुमार
शैलेंद्र भूषण

ग्रंथ अकादमी नई दिल्ली

प्रकाशक : ग्रंथ अकादमी,
भवन संख्या–19, पहली मंजिल, 2, अंसारी रोड, दरियागंज, नई दिल्ली–110002
सर्वाधिकार : सुरक्षित / संस्करण : 2023 / मूल्य : चार सौ रुपए
मुद्रक : जयलक्ष्मी प्रिंटिंग प्रेस, दिल्ली ISBN 978-93-83110-66-7

VAIDIK BEEJGANIT

by Prof. Shailendra Bhushan & Shri Virendra Kumar ₹ 400.00

Published by Granth Akademi, Building No. 19, First Floor
2, Ansari Road, Daryaganj, New Delhi-110002

प्रस्तावना

महान् गणितज्ञ भास्कर द्वितीय ने कहा है—'पूर्व प्रोक्तं व्यक्तमव्यक्तं वीजं प्रायः प्रश्नानोविनऽव्यक्त युक्तया। ज्ञातुं शक्या मन्दधीमिर्नितान्तः यस्मान्तस्यद्विच्मि वीज क्रियां च॥' अर्थात् मंदबुद्धि के लोग व्यक्त गणित (अंकगणित) की सहायता से जो प्रश्न हल नहीं कर पाते हैं, वे प्रश्न अव्यक्त गणित (बीजगणित) की सहायता से हल कर सकते हैं। दूसरे शब्दों में, बीजगणित से अंकगणित की कठिन समस्याओं का हल सरल हो जाता है।

बीजगणित से साधारणतः तात्पर्य उस विज्ञान से होता है, जिसमें अंकों को अक्षरों द्वारा निरूपित किया जाता है। परंतु संक्रिया चिह्न वही रहते हैं, जिनका प्रयोग अंकगणित में होता है। मान लें कि हमें लिखना है कि किसी आयत का क्षेत्रफल उसकी लंबाई तथा चौड़ाई के गुणनफल के समान होता है तो हम इस तथ्य को निम्न प्रकार निरूपित करेंगे—

क्ष = ल × च

बीजगणित के आधुनिक संकेतवाद का विकास कुछ शताब्दी पूर्व ही प्रारंभ हुआ है; परंतु समीकरणों के साधन की समस्या बहुत पुरानी है। ईसा से 2000 वर्ष पूर्व लोग अटकल लगाकर समीकरणों को हल करते थे। ईसा से 300 वर्ष पूर्व तक हमारे पूर्वज समीकरणों को शब्दों में लिखने लगे थे और ज्यामितीय विधि द्वारा उनके हल ज्ञात कर लेते थे। आज बीजगणित में केवल समीकरणों का ही समावेश नहीं होता, इसमें बहुपद, श्रेणियों, सतत भिन्न, अनंत गुणनफल, संख्या अनुक्रम, रूप, सारणिक, श्रेणिक आदि अनेक प्रकरणों का अध्ययन किया जाता है।

बीजगणित के जिस प्रकरण में अनिर्णीत समीकरणों का अध्ययन किया जाता है, उसका पुराना नाम 'कुट्टक' है। हिंदू गणितज्ञ ब्रह्मगुप्त ने उक्त

प्रकरण के नाम पर ही इस विज्ञान का नाम सन् 628 ई. में 'गुट्टक गणित' रखा। बीजगणित का सबसे प्राचीन नाम यही है। सन् 860 ई. में पृथूदक स्वामी ने इसका नाम 'बीजगणित' रखा। 'बीज' का अर्थ है 'तत्त्व'। अत: 'बीजगणित' के नाम से तात्पर्य है 'वह विज्ञान, जिसमें तत्त्वों द्वारा परिगणन किया जाता है'।

अंकगणित में समस्त संकेतों का मान विदित रहता है। बीजगणित में व्यापक संकेतों से काम लिया जाता है, जिसका मान आरंभ में अनिश्चित रहता है। इसलिए इन दोनों विज्ञानों के अन्य प्राचीन नाम 'व्यक्त गणित' और 'अव्यक्त गणित' भी हैं। अंग्रेजी में बीजगणित को अलजब्रा (Algebra) कहते हैं। यह नाम अरब देश से आया है। सन् 825 ई. में अरब के गणितज्ञ 'अल ख्वारिज्मी' ने एक गणित की पुस्तक की रचना की, जिसका नाम था 'अल-जब्र-वल-मुकाबला'। अरबी में 'अल-जब्र' और फारसी में 'मुकाबला' समीकरण को ही कहते हैं। अत: संभवत: लेखक ने अरबी तथा फारसी भाषाओं के 'समीकरण' के पर्यायवाची नामों को लेकर पुस्तक का नाम 'अल-जब्र-वल-मुकाबला' रखा। यूनानी गणित के स्वर्णयुग में अलजब्रा का आधुनिक अर्थ में नामोनिशान तक नहीं था। यूनानी लोग बीजगणित के अनेक कठिन प्रश्नों को हल करने की योग्यता तो रखते थे, परंतु उनके सभी हल ज्यामितीय होते थे। वहाँ बीजगणितीय हल सर्वप्रथम डायफैंटस (लगभग 275 ई.) के ग्रंथों में देखने को मिलते हैं; जबकि इस काल में भारतीय लोग बीजगणित के क्षेत्र में अन्य राष्ट्रों से बहुत आगे थे। ईसा से 500 वर्ष पूर्व गणित के विकास में जैनाचार्यों का श्लाघनीय योगदान रहा है। इस काल की प्रमुख कृतियाँ 'सूर्य प्रज्ञप्ति' तथा 'चंद्र प्रज्ञप्ति' जैन धर्म के प्रसिद्ध धर्मग्रंथ हैं। इन ग्रंथों में संख्या लेखन पद्धति, भिन्नराशिक व्यवहार तथा मिश्रानुपात, बीजगणितीय समीकरण एवं इनके अनुप्रयोग, विविध श्रेणियाँ, क्रमचय-संचय, घातांक एवं लघुगणक के नियम, समुच्चय सिद्धांत आदि अनेक विषयों पर विशद् प्रकाश डाला गया है। जॉन नेपियर (1550-1617 ई.) के बहुत पहले लघुगणक का आविष्कार एवं विस्तृत अनुप्रयोग भारत में हो चुका था, जो सार्वभौम सत्य है।

पूर्व-मध्य काल (500 ई.पू. से 400 ई. तक) में भक्षाली गणित, हिंदू गणित की एकमात्र उपलब्ध लिखित पुस्तक है, जिसका काल ईसा की प्रारंभिक शताब्दी माना गया है; में इष्टकर्म में अव्यक्त राशि कल्पित की गई है। गणितज्ञों की मान्यता है कि इष्टकर्म ही बीजगणित के विस्तार का आदि स्रोत है। 628 ई. काल में ब्रह्मगुप्त ने ब्राह्मस्फुट सिद्धांत के 25 अध्यायों में से 2 अध्यायों में गणितीय सिद्धांतों एवं विधियों का विस्तृत वर्णन किया है। उन्होंने गणित की

20 क्रियाओं तथा 8 व्यवहारों पर प्रकाश डाला है। बीजगणित में समीकरण साधनों के नियमों का उल्लेख किया तथा अनिर्णीत द्विघातीय समीकरण का समाधान भी बताया, जिसे आयलर ने 1764 ई. में और लांग्रेज ने 1768 ई. में प्रतिपादित किया। मध्ययुग के अंतिम तथा अद्वितीय गणितज्ञ भास्कराचार्य द्वितीय ने अपनी प्रसिद्ध पुस्तक सिद्धांत शिरोमणि (लीलावती, बीजगणितम्, गोलाध्याय, ग्रहगणितम्) एवं करण कुतूहल में गणित की विभिन्न शाखाओं—अंकगणित, बीजगणित, त्रिकोणमिति आदि को एक प्रकार से अंतिम रूप दिया है।

वेदों में जो सिद्धांत सूत्र रूप में थे, उनकी पूर्ण अभिव्यक्ति भास्कराचार्य की रचना में हुई है। अत: इन्हीं पुस्तकों को आधार मानकर वेदों में प्रयुक्त सूत्रों का प्रयोग वैदिक गणित की आधुनिक कृतियों में किया जा रहा है। इनमें ब्रह्मगुप्त द्वारा बताई गई 20 प्रक्रियाओं और 8 व्यवहारों का अलग-अलग विवरण और उनमें प्रयोग में लाई जानेवाली विधियों का प्रतिपादन सुव्यवस्थित और सुसाध्य रूप से किया गया है। लीलावती में संख्या पद्धति का जो आधारभूत एवं सृजनात्मक प्रतिपादन किया गया है, वह आधुनिक अंकगणित तथा बीजगणित की रीढ़ है।

महान् गणितज्ञ एवं दार्शनिक जगद्‌गुरु शंकराचार्य स्वामी भारतीकृष्ण तीर्थ आधुनिक युग के वैदिक गणित के प्रधान भाष्यकार हैं। इन्होंने अपनी पुस्तक 'वैदिक गणित' में वैदिक सूत्रों का पुन: प्रतिपादन कर उनमें निहित सिद्धांतों और विधियों को इतनी सरल, सुग्राह्य एवं सुस्पष्ट भाषा में प्रस्तुत किया है कि गणित का एक साधारण विद्यार्थी भी उसे आत्मसात् करके गणित के जटिल प्रश्नों को अत्यल्प समय में हल कर सकता है। इनकी पुस्तक वैदिक गणित पर एक प्रामाणिक पुस्तक है। उपर्युक्त पुस्तक के बीजगणित संबंधी प्रकरणों को हम इस पुस्तक में स्पर्श करेंगे; जिससे उन्हें गणित के छात्रों तक आसानी से पहुँचाया जा सके। इस पुस्तक में पाठकों को कुछ नवीनताएँ भी दिखाई देंगी। निश्चय ही ये नवीनताएँ शोध के क्षेत्र में प्रेरक होंगी तथा स्वर्गीय स्वामीजी के प्रयास को आगे बढ़ाने में सहायक सिद्ध होंगी। स्वामीजी द्वारा गणित के क्षेत्र में जलाई ज्योति का प्रकाश घर-घर तक पहुँचा पाने के दृष्टिकोण से लिखी पुस्तक अपने उद्‌देश्य को पूरा करने में सफल हो, ऐसी प्रभु से कामना है। पुस्तक लिखने में डॉक्टर भगवान स्वरूप गुप्त, भूतपूर्व डीन, शिक्षा संकाय, आगरा विश्वविद्यालय, आगरा एवं डॉक्टर चक्खन लाल वार्ष्णेय, रीडर, गणित विभाग, श्री वार्ष्णेय महाविद्यालय, अलीगढ़ द्वारा मिला सहयोग स्तुति योग्य है तथा लेखकगण इनके विशेष आभारी हैं।

—लेखकद्वय

वैदिक गणित के सोलह सूत्र तथा उनके उपप्रमेय

डॉ. वासुदेव शरण अग्रवाल — मुख्य संपादक, 'वैदिक गणित अथवा वेदों से प्राप्त सोलह सरल गणितीय सूत्र' — द्वारा ग्रंथ के बिखरे संदर्भों में से तैयार किए गए वैदिक सूत्र/उपसूत्रों की सूची—

	सूत्र	**उपसूत्र / उपप्रमेय**
1.	एकाधिकेन पूर्वेण	आनुरूप्येण
2.	निखिलं नवतश्चरमं दशत:	शिष्यते शेषसंज्ञ:
3.	ऊर्ध्वतिर्यग्भ्याम्	आद्यमाद्येनान्त्यमन्त्येन
4.	परावर्त्य योजयेत्	केवलै: सप्तकं गुण्यात्
5.	शून्यं साम्यसमुच्चये	वेष्टनम्
6.	(आनुरूप्ये) शून्यमन्यत्	यावदूनं तावदूनम्
7.	संकलनव्यवकलनाभ्याम्	यावदूनं तावदूनीकृत्य वर्गं च योजयेत्
8.	पूरणापूरणाभ्याम्	अन्त्ययोर्दशकेऽपि
9.	चलनकलनाभ्याम्	अन्त्ययोरेव
10.	यावदूनम्	समुच्चयगुणित:
11.	व्यष्टिसमष्टि:	लोपनस्थापनाभ्याम्
12.	शेषाणि अंकेनचरमेण	विलोकनम्
13.	सोपान्त्यद्वयमन्त्यम्	गुणितसमुच्चय: समुच्चयगुणित:
14.	एकन्यूनेन पूर्वेण	
15.	गुणितसमुच्चय:	
16.	गुणकसमुच्चय:	

इनके अतिरिक्त ग्रंथ में कुछ अन्य सूत्र एवं उपसूत्रों के दर्शन होते हैं,

जिनका उल्लेख डॉ. अग्रवाल ने उपर्युक्त सूची में नहीं किया है; यथा— आद्यमाद्येन, पृष्ठ 200; अन्त्यमन्त्येन, पृष्ठ 200; चलित कलित वर्गो विवेचकः, पृष्ठ 143; कलौ क्षुद्रससैः, पृष्ठ 195; कंसे क्षामदाह खलैर्मलैः, पृष्ठ 195; ध्वजांक, पृष्ठ 217 डॉ. वासुदेवशरण अग्रवाल जो सोलह सूत्रों की सूची तैयार की है तथा ग्रंथ का नाम भी इन सूत्रों के आधार पर ही रखा है, परंतु ग्रंथ में कहीं-कहीं इन सूत्रों का उपसूत्रों के रूप में उल्लेख किया गया है। परिस्थितियाँ अज्ञात हैं तथा शोधकर्ताओं को आमंत्रण देती हैं।

सूत्र संख्या 7 'संकलनव्यवकलनाभ्याम्' को पृष्ठ संख्या 130 पर उपसूत्र कहा गया है। सूत्र संख्या 8 'पूरणापूरणाभ्याम्' को पृष्ठ संख्या 156 पर उपसूत्र कहा गया है। सूत्र संख्या 14 'एकन्यूनेन पूर्वेण' को पृष्ठ संख्या 26 पर उपसूत्र तथा पृष्ठ संख्या 195 पर उपप्रमेय कहा गया है।

इसके अतिरिक्त उपसूत्र आनुरूप्येण, आद्यमाद्येनान्त्यमन्त्येन, लोपनस्थापनाभ्याम् एवं अन्त्ययोरेव को कहीं-कहीं सूत्र कहा गया है। सूत्र संख्या 10 'यावदूनम्' तथा उपसूत्र 'यावदूनं तावदूनम्' एवं 'यावदूनं तावदूनीकृत्य वर्गं च योजयेत्' सभी एक ही चीज हैं। 'निखिलम्' सूत्र का सहज परिणाम 'यावदूनं तावदूनीकृत्य वर्गं च योजयेत्' है (पृष्ठ संख्या 22)। अतः इसे 'निखिलम्' सूत्र का उपप्रमेय (पृष्ठ संख्या 22) बताया गया है। 'यावदूनं तावदूनम्' पृष्ठ संख्या (xxiii) तथा 'यावदूनम्' पृष्ठ सं. 269, 271 इससे पृथक् नहीं हैं।

उपसूत्र 'गुणितसमुच्चयः समुच्चयगुणितः' पृष्ठ संख्या 75 तथा सूत्र 'गुणितसमुच्चयः' पृष्ठ संख्या 81, 83 एवं उपसूत्र 'समुच्चयगुणितः' पृष्ठ संख्या 84 पृथक् चीज नहीं हैं। इस सबसे सिद्ध होता है कि सोलह सूत्र जो संपादक द्वारा गिनाए गए हैं, उनकी संख्या संदिग्ध है।

वर्तमान स्थिति में हमारे पास जो भी सूत्र, उपसूत्र / उपप्रमेय हैं उनके अर्थ जान लेना भी आवश्यक है।

सूत्रों के अर्थ

1. एकाधिकेन पूर्वेण – पूर्व से एक अधिक द्वारा
2. निखिलं नवतश्चरमं दशतः – सबको नौ से, अंतिम को दस से
3. ऊर्ध्वतिर्यग्भ्याम् – खड़े तथा तिरछे द्वारा
4. परावर्त्य योजयेत् – विलोम का प्रयोग करें
5. शून्यं साम्यसमुच्चये – समुच्चय साम्य होने पर शून्य होता है

6.	(आनुरूप्ये) शून्यमन्यत्	– अनुरूप होने पर दूसरा शून्य होता है
7.	संकलनव्यवकलनाभ्याम्	– जोड़ने एवं घटाने से
8.	पूरणापूरणाभ्याम्	– पूर्ण एवं अपूर्ण से
9.	चलनकलनाभ्याम्	– अवकल कलन से
10.	यावदूनम्	– जितना कम हो
11.	व्यष्टिसमष्टि:	– व्यष्टि और समष्टि
12.	शेषाण्यङ्केन चरमेण	– अवशेषों को चरम से
13.	सोपान्त्यद्वयमन्त्यम्	– अंत के साथ उपांत का दुगुना जोड़कर
14.	एकन्यूनेन पूर्वेण	– पूर्व से एक कम द्वारा
15.	गुणितसमुच्चय:	– गुणनफल की गुणन संख्याओं का योग
16.	गुणकसमुच्चय:	– गुणनखंडों का समुच्चय

उपसूत्रों/ उपप्रमेयों के अर्थ

आनुरूप्येण	– अनुपात से
शिष्यते शेषसंज्ञ:	– जो बचता है, उसकी शेष संज्ञा होती है
आद्यमाद्येनान्त्यमन्त्येन	– आदि को आदि से, अंत को अंत से
केवलै: सप्तकं गुण्यात्	– 7 के प्रकरण में गुणक 143 है $\left(\frac{1}{7} = \frac{143 \times 999}{999999} \right)$
वेष्टनम्	– आश्लेषण
यावदूनं तावदूनम्	– जितना कम हो उतना ही कम
यावदूनं तावदूनीकृत्य वर्गं च योजयेत्	– जितना कम हो उसका दुगुना कम करके वर्ग प्रयोग करो
अन्त्ययोर्दशकेऽपि	– अंतिम अंकों के योग 10 वाली संख्याओं के लिए भी

अन्त्ययोरेव	– अंतिम को ही
समुच्चयगुणितः	– समुच्चयों का गुणनफल
लोपनस्थापनाभ्याम्	– लोपन स्थापन से
विलोकनम्	– देखकर
गुणितसमुच्चयः समुच्चयगुणितः	– गुणनफल का समुच्चय, समुच्चय के गुणनफल के तुल्य होता है

❑

विषय-सूची

अध्याय 1

क-आधारीय संख्याएँ एवं उनपर विभिन्न संक्रियाएँ

I. क-आधारीय संख्या पद्धति :

दाशमिक पद्धति में—

(i) बाएँ स्थान का मान दाएँ स्थान के मान का दस गुना होता है।

(ii) इकाई के स्थान का स्थानीय मान = 10^0 अर्थात् 1,

दहाई के स्थान का स्थानीय मान = 10^1 अर्थात् 10,

सैकड़ा के स्थान का स्थानीय मान = 10^2 अर्थात् 100,

हजार के स्थान का स्थानीय मान = 10^3 अर्थात् 1000 इत्यादि।

इसी प्रकार क-आधारीय संख्या पद्धति में—

(i) बाएँ स्थान का मान दाएँ स्थान के मान का 'क' गुना होता है।

(ii) दाएँ से प्रथम स्थान का स्थानीय मान = $क^0$ अर्थात् 1,

दूसरे स्थान का स्थानीय मान = $क^1$ अर्थात् क,

तीसरे स्थान का स्थानीय मान = $क^2$,

चौथे स्थान का स्थानीय मान = $क^3$ इत्यादि।

क-आधार पद्धति का निम्न स्वरूप होगा—

·····चतुर्थ स्थान	तृतीय स्थान	द्वितीय स्थान	प्रथम स्थान
·····$क^3$	$क^2$	$क^1$	$क^0 = 1$

दाशमिक आधार पद्धति में संख्या $31 = 3 \times 10^1 + 1 \times 10^0$

क-आधार पद्धति में 31 का अर्थ $3 \times क^1 + 1 \times क^0$

अर्थात् 3 क + 1 होगा।

इसी प्रकार क-आधार पद्धति में 2534 का अर्थ $2क^3 + 5क^2 + 3क + 4$

विलोमतः बीजगणित के बहुपदीय व्यंजकों को क-आधारवाली संख्या पद्धति की सहायता से अंकगणित की संख्याओं की तरह लिखा ज़ा सकता है —

बहुपदीय व्यंजक		क-आधार पद्धति संख्या
$क + 5 =$	$क + 5$	1 5
$2क^2 + 3क + 4 =$	$2क^2 + 3क + 4$	2 3 4
$3क^3 + 4क + 5 =$	$3क^3 + 0.क^2 + 4क + 5$	3 0 4 5
$5क^4 + 4क^3 + 1 =$	$5क^4 + 4क^3 + 0.क^2 + 0.क + 1$	5 4 0 0 1

इत्यादि।

II. योग संक्रिया

अंकगणित की योग संक्रिया में अंकों को यथास्थान जोड़ा जाता है। बीजगणित में भी इसी प्रकार योगफल ज्ञात किया जाता है।

बहुपदीय व्यंजक		क-आधार पद्धति संख्या
$2क^3 + क + 5$ अर्थात्	$2.क^3 + 0.क^2 + क^1 + 5क^0$	2 0 1 5
$5क^4 + 2क + 3$ अर्थात्	$5क^4 + 0.क^3 + 0.क^2 + 2क^1 + 3क^0$	5 0 0 2 3
योग	$5क^4 + 2क^3 + 0.क^2 + 3क^1 + 8क^0$	5 2 0 3 8

उत्तर : $5क^4 + 2क^3 + 0.क^2 + 3क^1 + 8क^0$

थोड़े से अभ्यास के उपरांत प्रत्येक बहुपद व्यंजक को सीधे क-आधार पद्धति की संख्या में लिखकर योग करने के उपरांत बहुपद व्यंजक के रूप में लिख सकते हैं।

उदाहरण (1) : $2क^3 - 3क^2 + क + 5$, $2क^4 + 5क - 2$ तथा $क^2 + 2क + 3$ का योगफल ज्ञात करो।

हल—

	$क^4$	$क^3$	$क^2$	$क^1$	$क^0$
		2	-3	1	5
	2	0	0	5	-2
			1	2	3
योग	2	2	-2	8	6

उत्तर : $2\text{ क}^4 + 2\text{ क}^3 - 2\text{ क}^2 + 8\text{ क} + 6$

उदाहरण (2) : $5\text{ क}^4 - 5\text{ क}^2 + 6, \; -3\text{ क}^3 + 4\text{ क}$ तथा $-9\text{ क}^2 + 8\text{ क} + 7$ का योगफल ज्ञात करो।

हल—

	क^4	क^3	क^2	क^1	क^0
	5	0	−5	0	6
		−3	0	4	0
			−9	8	7
योग	5	−3	−14	12	13

उत्तर : $5\text{ क}^4 - 3\text{ क}^3 - 14\text{ क}^2 + 12\text{ क} + 13$

III. व्यवकलन संक्रिया

योग संक्रिया की भाँति व्यंजकों के घटाने में भी यथास्थान अंकों को घटाने की क्रिया होगी।

उदाहरण (1) : $5\text{ क}^4 - 3\text{ क}^3 + 2\text{ क} + 1$ से $6\text{ क}^3 + \text{क} + 5$ का व्यवकलन करो।

हल—

क^4	क^3	क^2	क^1	क^0	
5	$\overline{3}$	0	2	1	
	$\overline{6}$	$\overline{0}$	$\overline{1}$	$\overline{5}$	(परावर्त्य योजयेत्)
5	$\overline{9}$	0	1	$\overline{4}$	

उत्तर : $5\text{ क}^4 - 9\cdot\text{क}^3 + \text{क} - 4$

उदाहरण (2) : $2\text{ क}^2 + 3\text{ क} - 5$ से $5\text{ क}^3 - 4\text{ क}^2 + 3\text{ क} + 1$ को घटाइए।

हल—

क^3	क^2	क^1	क^0	
	2	3	$\overline{5}$	
$\overline{5}$	4	$\overline{3}$	$\overline{1}$	(परावर्त्य योजयेत्)
$\overline{5}$	6	0	$\overline{6}$	

उत्तर : $-5\text{ क}^3 + 6\text{ क}^2 - 6$

IV. गुणन संक्रिया : बीजीय एवं कोष्ठबद्ध संख्याओं के मध्य गुणन संक्रिया करते समय बहुधा गुणा चिह्न नहीं लगाते।

बहुपद $प_म क^म + \cdots प_2 क^2 + प_1 क + प_0$ में

बहुपद $फ_म क^म + \cdots फ_2 क^2 + फ_1 क + फ_0$ का गुणा करने के लिए सूत्र ऊर्ध्वतिर्यग्भ्याम् का प्रयोग किया जा सकता है। गुणनफल में,

क से स्वतंत्र पद $प_0फ_0$

क की एक घातवाला पद

$(प_1फ_0 + प_0फ_1)क$

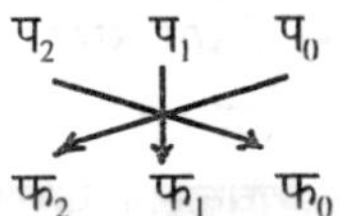

क की दो घातवाला पद

$(प_2फ_0 + प_1फ_1 + प_0फ_2)क^2$

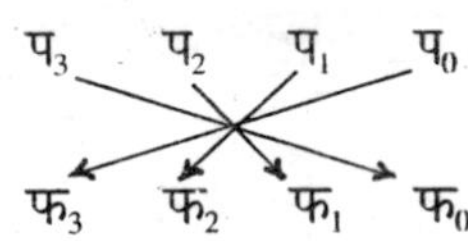

क की तीन घातवाला पद

$(प_3फ_0 + प_2फ_1 + प_1फ_2 + प_0फ_3)क^3$

$प_3$ $प_2$ $प_1$ $प_0$

$फ_3$ $फ_2$ $फ_1$ $फ_0$

– –

– –

क की म घातवाला पद $(प_मफ_0 + प_{म-1}फ_1 + प_{म-2}फ_2 + \cdots प_0फ_म)क^म$

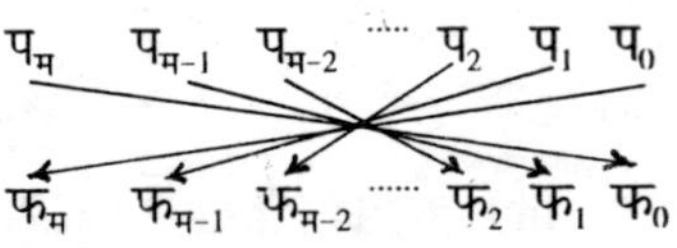

क की म+1 घातवाला पद $(प_मफ_1 + प_{म-1}फ_2 + प_{म-2}फ_3 + \cdots प_1फ_म)क^{म+1}$

या

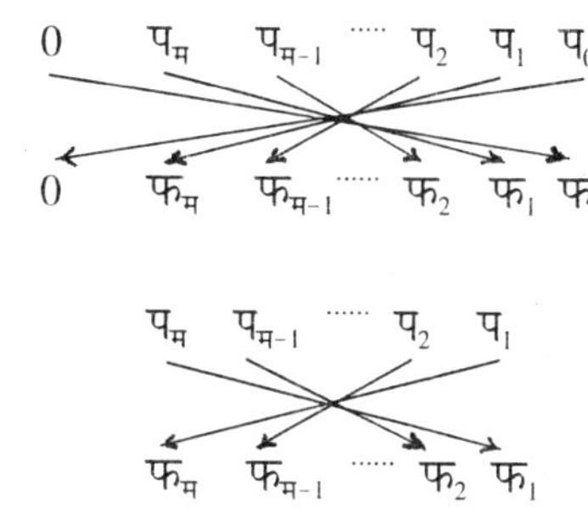

क की 2 म घातवाला पद $प_म \; फ_म \; क^{2म}$ $\begin{matrix} प_म \\ फ_म \end{matrix}\Big\downarrow$

इस प्रकार आगे बढ़ने पर

$(प_म क^म + \cdots\cdots प_2 क^2 + प_1 क + प_0) \times (फ_म क^म + \cdots\cdots फ_2 क^2 + फ_1 क + फ_0)$

$= प_म फ_म क^{2म} + (प_म फ_{म-1} + प_{म-1} फ_म) \; क^{2म-1} + (प_म फ_{म-2} + प_{म-1} फ_{म-1} + प_{म-2} फ_म) क^{2म-2} + \cdots\cdots\cdots\cdots (प_1 फ_0 + प_0 फ_1) \; क + प_0 फ_0$

उदाहरण (1) : $3क^2 + 2क + 1$ में $2क^2 + क + 3$ का गुणा करो।

हल— गुणनफल में

(i) क से स्वतंत्र पद $\begin{matrix} 1 \\ 3 \end{matrix}\downarrow$ अर्थात् $1 \times 3 = 3$

(ii) क की एक घातवाला पद $\begin{pmatrix} 2 & & 1 \\ & \times & \\ 1 & & 3 \end{pmatrix}$ क

अर्थात् $(2 \times 3 + 1 \times 1)$ क $= 7$ क

(iii) क की दो घातवाला पद $\begin{pmatrix} 3 & 2 & 1 \\ & \ast & \\ 2 & 1 & 3 \end{pmatrix} क^2$

अर्थात् $(3 \times 3 + 2 \times 1 + 1 \times 2) \; क^2 = 13 \; क^2$

(iv) क की तीन घातवाला पद $\begin{pmatrix} 3 & 2 \\ & \times & \\ 2 & 1 \end{pmatrix}$ क^3

अर्थात् (3 × 1 + 2 × 2) क^3= 7 क^3

(v) क की चार घातवाला पद $\begin{pmatrix} 3 \\ \downarrow \\ 2 \end{pmatrix}$ क^4 अर्थात् (3 × 2) क^4 = 6क^4

अतः (3क^2 + 2क + 1) (2क^2 + क + 3)= 6क^4 + 7क^3 + 13क^2 + 7 क + 3

उदाहरण (2) : 5क^2 + 3क + 2 में क + 3 का गुणा करो।

हल— गुणनफल में

(i) क से स्वतंत्र पद $\begin{matrix} 2 \\ \downarrow \\ 3 \end{matrix}$ अर्थात् 2 × 3 = 6

(ii) क की एक घातवाला पद $\begin{pmatrix} 3 & 2 \\ & \times & \\ 1 & 3 \end{pmatrix}$ क

अर्थात् (3 × 3 + 2 × 1)क = 11 क

(iii) क की दो घातवाला पद $\begin{pmatrix} 5 & 3 & 2 \\ & \times & \\ 0 & 1 & 3 \end{pmatrix}$ क^2

अर्थात् (5 × 3 + 3 × 1 + 2 × 0)क^2 = 18 क^2

(iv) क की तीन घातवाला पद $\begin{pmatrix} 5 & 3 \\ & \times & \\ 0 & 1 \end{pmatrix}$ क^3

अर्थात् (5 × 1 + 3 × 0)क^3 = 5 क^3

अतः (5क^2 + 3क + 2) × (क + 3) = 5क^3 + 18क^2 + 11क + 6

यौगिक गुणन में बीजगणितीय गुणन का उपयोग :

(i) माना हमें 6' 4" लंबे तथा 4' 9" चौड़े आयताकार टुकड़े का क्षेत्रफल निकालना है।

प्रचलित विधि के अनुसार हम इन दोनों मापों को एक ही इकाई (फुट या इंच) में परिवर्तित करने के बाद गुणा करते हैं; यथा—

क्षेत्रफल = $\frac{76}{12} \times \frac{57}{12}$ वर्ग फुट

= $\frac{4332}{144}$ वर्ग फुट

= 30 वर्ग फुट 12 वर्ग इंच

वैदिक विधि में हम बीजगणितीय गुणन का उपयोग करते हैं तथा 'आद्यम्' सूत्र लगाते हैं।

क्षेत्रफल = (6क + 4) × (4क + 9) वर्ग इंच, यहाँ क = 12

= 6 × 4क^2 + (6 × 9 + 4 × 4) क + 4 × 9 वर्ग इंच

= 24 क^2 + 70 क + 36 वर्ग इंच

= 24 क^2 + 60 क + 10 क + 36 वर्ग इंच

= (24 क^2 + 5 क^2) + (120 + 36) वर्ग इंच

= 29 क^2 + 156 वर्ग इंच

= 30 क^2 + 12 वर्ग इंच

= 30 वर्ग फुट 12 वर्ग इंच

वैदिक विधि से

क्षे. = 6' 4" × 4' 9"

= 30 वर्ग फुट 12 वर्ग इंच

क्रिया विधि :

6 - 4

4 - 9

24/70/36 (ऊर्ध्वतिर्यग्भ्याम् विधि से गुणा किया)

5 120

या 29/ /156 ('आद्यम्' सूत्र से)

या 30/–/12

(ii) माना हमें 4' 2", 6' 9" तथा 8' 4" आयामों वाले समानांतर फलक का आयतन निकालना है।

प्रचलित विधि द्वारा—

$$\text{आयतन} = \frac{50}{12} \times \frac{81}{12} \times \frac{100}{12} \text{ घन फुट}$$

$$= \frac{405000}{1728} \text{ घन फुट}$$

= 234 घन फुट 648 घन इंच

वैदिक विधि में हम बीजगणितीय गुणन का उपयोग करते हैं।

आयतन = (4क + 2) × (6क + 9) × (8क + 4) घन इंच,

जहाँ कि क = 12

= $192क^3 + 480क^2 + 336क + 72$* घन इंच

= $192क^3 + 40 \times 12क^2 + 2 \times 144क + 48क + 72$ घन इंच

= $234क^3 + 648$ घन इंच

= 234 घन फुट 648 घन इंच

---

* मौखिक क्रिया इस प्रकार की—

क से स्वतंत्र पद के लिए

4 2
6 9
8 4

$2 \times 9 \times 4 = 72$

क की एक घात के पद के लिए

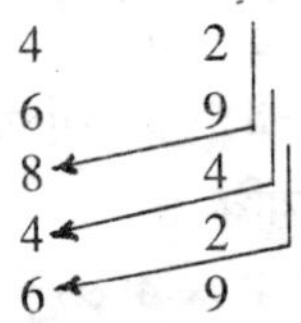

$2 \times 9 \times 8 + 9 \times 4 \times 4 + 4 \times 2 \times 6 = 336$

क की दो घात के पद के लिए

4 2
6 9
8 4
4 2
6 9

$4 \times 6 \times 4 + 6 \times 8 \times 2 + 8 \times 4 \times 9 = 480$

क की तीन घात के पद के लिए

4 2
6 9
8 4

$4 \times 6 \times 8 = 192$

गुणन की विचलन विधि

प्राचल क की बहुपदियों के लिए आधार क, $क^2$, $क^3$, ... इत्यादि या इनके गुणक होंगे। जब दो समान घात की बहुपदियों का इस विधि से गुणा करना है तो सर्वप्रथम यह आवश्यक है कि एक या दोनों बहुपदियाँ किसी एक आधार के अधिक निकट हों। दी हुई बहुपदी में से आधार को घटाने पर प्राप्त राशि 'आधार से विचलन' कहलाती है।

गुणक तथा गुण्य को ऊपर-नीचे लिखते हैं, इनके सम्मुख इनके आधार से विचलन रखते हैं। विचलनों के गुणनफल में से आधार के घातांक से एक कम घात तक के पद दाहिनी ओर विचलन के नीचे रखते हैं। बचे अंकों को हासिल के रूप में ग्रहण करते हैं। गुणक में गुण्य का आधार से विचलन जोड़ करके उसमें हासिल जोड़कर फिर आधार का गुणा कर गुणक और गुण्य के नीचे रख देते हैं। यही अभीष्ट गुणनफल है।

उदाहरण (1) : क + 1 में क + 3 से गुणा करो।

हल— बहुपदी आधार 'क' से विचलन

क + 1 ╲╱ 1

क + 3 ╱╲ 3

गुणनफल क (क + 1 + 3)/ 1×3

अर्थात् $क^2$ + 4क + 3

उदाहरण (2) : 2क + 3 में क + 2 से गुणा करो।

हल— बहुपदी आधार 'क' से विचलन

2 क + 3 ╲╱ क + 3

क + 2 ╱╲ 2

गुणनफल क (2 क + 3 + 2)/ (क + 3)×2

अर्थात् 2 $क^2$ + 5 क/$_{2क}$ 6

अर्थात् $2क^2$ + 7 क + 6

उदाहरण (3) : 3 क + 4 में 2 क + 3 से गुणा करो।

हल— बहुपदी आधार '2 क' से विचलन

3 क + 4 ╲╱ क + 4

2 क + 3 ╱╲ 3

गुणनफल 2 क (3 क + 4 + 3) / (क + 4) × 3

अर्थात् 6 क^{2} + 14 क/$_{3क}$ 12

अर्थात् 6 क^{2} + 17 क + 12

उदाहरण (4) : क^{2} + 2 क + 3 में क^{2} + क + 5 से गुणा करो।

हल— बहुपदी आधार 'क^{2}' से विचलन

क^{2} + 2क + 3 2क + 3

क^{2} + क + 5 क + 5

गुणनफल (क^{2} + 2क + 3 + क + 5) क^{2} / (2क + 3)(क + 5)

अर्थात् क^{4} + 3 क^{3} + 8 क^{2}/$_{2क}$^{2} (13 क + 15)

अर्थात् क^{4} + 3 क^{3} + 10 क^{2} + 13 क + 15

उदाहरण (5) : २ क^{२} + क + १ में २ क^{२} + ३ क + २ से गुणा करो।

हल— बहुपदी आधार '2क^{2}' से विचलन

2 क^{2} + क + 1 क + 1

2 क^{2} + 3 क + 2 3 क + 2

गुणनफल (2क^{2} + क + 1 + 3क + 2) × 2क^{2}/ (क+1) × (3क+2)

अर्थात् 4क^{4} + 8 क^{3} + 6 क^{2}/$_{3क}$^{2} 5 क + 2

अर्थात् 4क^{4} + 8 क^{3} + 9 क^{2} + 5 क + 2

उदाहरण (6) : 5क^{3} + 3क^{2} + क + 3 में 5क^{3} + 2 से गुणा करो।

हल— बहुपदी आधार '5 क^{3}' से विचलन

5क^{3} + 3क^{2} + क + 3 3क^{2} + क + 3

5क^{3} + 2 2

गुणनफल (5क^{3} + 3क^{2} + क + 3 + 2) × 5क^{3}/(3क^{2} + क + 3)×2

अर्थात् 25क^{6} + 15क^{5} + 5क^{4} + 25क^{3}/ (6क^{2} + 2क + 6)

अर्थात् 25क^{6} + 15क^{5} + 5क^{4} + 25क^{3} + 6क^{2} + 2क + 6

V. भाग संक्रिया

(क) परावर्त्य विधि द्वारा भाग

बीजगणितीय व्यंजकों के भाग के लिए 'परावर्त्य' सूत्र बहुत उपयोगी है। सूत्र का पूर्ण रूप है, 'परावर्त्य योजयेत्'; जिसका अर्थ है—'विलोम करके प्रयोग करें'।

पक्षांतरण के नियम के अनुसार प्रत्येक पक्षांतरण के समय पद का चिह्न परिवर्तन होता है। इस तरह + चिह्न का – चिह्न तथा – चिह्न का + चिह्न हो जाता है। दूसरे पक्ष में जाने पर × चिह्न ÷ में परिवर्तित हो जाता है तथा ÷ चिह्न × चिह्न में परिवर्तित हो जाता है। 'परावर्त्य योजयेत्' सूत्र के वैदिक पद्धति में अनेक अनुप्रयोग हैं, जिनमें से एक अनुप्रयोग की भाग के प्रकरण में यहाँ विवेचना करेंगे। हम यहाँ शेषफल प्रमेय तथा हार्नर प्रक्रिया पर संक्षिप्त चर्चा करने के बाद परावर्त्य सूत्र के इस अनुप्रयोग द्वारा भाग के प्रश्न हल करेंगे।

शेषफल प्रमेय—यदि प, फ, भ, श क्रमशः भाज्य, भाजक, भजनफल तथा शेष हैं और यदि भाजक फ = क – ब है तब इस संबंध को निम्न प्रकार लिखेंगे—

प = फ भ + श

अर्थात् प = (क–ब) भ + श

'क' के स्थान पर ब रख देने पर प स्वयं शेषफल श बन जाएगा। भाजक क–ब को शून्य रखने पर पक्षांतरण से क=ब प्राप्त होता है अर्थात् द्विपदीय भाजक के निरपेक्ष पद '–ब' का चिह्न परिवर्तन करने से क का वह मान प्राप्त हो जाता है जिसे भाज्य में रखने पर शेषफल प्राप्त होता है।

हार्नर की संश्लिष्ट भाग-क्रिया, जो वैदिक 'परावर्त्य' सूत्र का एक अनुप्रयोग है, इससे भी आगे जाकर हमें भजनफल बतला देती है। विधि निम्नलिखित उदाहरण से स्पष्ट हो जाएगी।

माना 8 क^2 – 4क + 3 को क – 1 से भाग देना है।

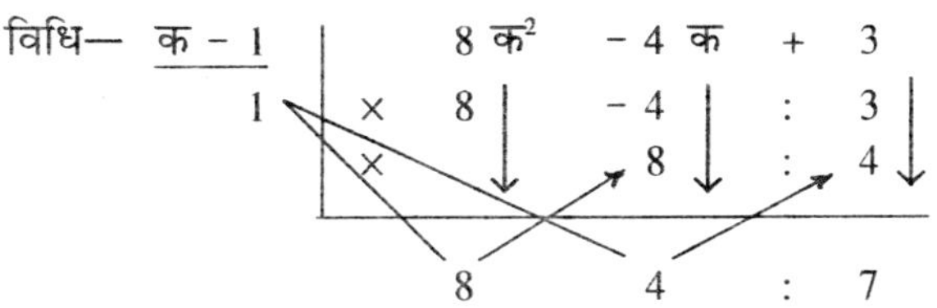

अतः भजनफल 8 क + 4 तथा शेषफल 7

स्पष्टीकरण— भाजक क – 1 को हम बाईं ओर लिखते हैं तथा उसके नीचे – 1 को चिह्न बदलकर लिखते हैं। शेष क्रिया वैदिक अंकगणित में की गई विधि की तरह ही करते हैं।

उदाहरण (1) : 5 क^2 + 6 क + 1 में क – 2 से भाग दो।

हल—

क − 2	$5 क^2$ +	6 क	+	1
2	× 5 ↓	6 ↓	:	1 ↓
	×	10 ↓	:	32 ↓
	5	16	:	33

भजनफल 5 क + 16 तथा शेषफल 33

उदाहरण (2) : $3 क^2 + 5 क - 7$ में क + 3 से भाग दो।

हल—

क + 3	$3 क^2$ +	5 क	−	7
− 3	× 3 ↓	5 ↓	:	−7 ↓
	×	−9	:	12
	3	−4	:	5

भजनफल 3क−4 तथा शेषफल 5

थोड़े अभ्यास के द्वारा यह क्रिया मन ही मन करके सीधे उत्तर एक पंक्ति में लिखा जा सकता है।

इस प्रक्रिया का विस्तार 3 पदोंवाले भाजक संबंधी भाग करने के लिए सरलतापूर्वक किया जा सकता है। विधि वही रहेगी, केवल यह अंतर रहेगा कि भाजक के प्रथम पद को छोड़ अन्य पदों के चिह्न बदल दिए जाएँगे।

उदाहरण (1) : $क^4 - 2क^3 + 3क^2 + 4क + 5$ में $क^2 - क + 1$ का भाग दो।

हल—

$क^2 - क + 1$	$क^4$	$- 2 क^3$ +	$3 क^2$	+	4 क	+ 5
1 − 1	1	− 2	3	:	4	5
		1	−1	:		
			−1	:	1	
				:	1	−1
	1	−1	1	:	6	4
	भजनफल				शेष	
	$क^2 - क + 1$			:	6 क + 4	

उत्तर : भजनफल $क^2 - क + 1$
शेषफल 6 क + 4

उदाहरण (2) : $6क^4 + 12क^3 + 24क^2 + 23क + 7$ में $क^2 + 1$ का भाग दो।

हल— $क^2 + 0क + 1$	$6क^4 +$	$12क^3 +$	$24क^2 +$		$23क +$	7
$0 \quad -1$	6	12	24	:	23	7
		0	−6	:		
			0	:	−12	
				:	0	−18
	6	12	18	:	11	−11

उत्तर : भजनफल $6क^2 + 12क + 18$ तथा

शेषफल $11क - 11$

उदाहरण (3) : $क^5 + 6क^2 + 5$ में $क^2 + 2क + 1$ से भाग दो।

हल— $क^2 + 2क + 1$	$क^5 +$	$0क^4 +$	$0क^3 +$	$6क^2 +$		$0क +$	5
$-2 \quad -1$	1	0	0	6	:	0	5
		−2	−1		:		
			4	2	:		
				−6	:	−3	
					:	−4	−2
	1	−2	3	2	:	−7	3

उत्तर : भजनफल $क^3 - 2क^2 + 3क + 2$ तथा

शेषफल $-7क + 3$

उपरिलिखित सभी उदाहरणों में भाजक में प्रथम गुणन-संख्या 1 थी। इसलिए कोई भी गुणन-संख्या भिन्न रूप में नहीं आई। परंतु उन प्रश्नों में क्या होगा जिनमें प्रथम गुणन संख्या 1 नहीं है?

इसका उत्तर यह है कि सारा कार्य पूर्व विधि से ही करना है, बस उत्तर की सभी गुणन-संख्याओं को भाजक की प्रथम गुणन-संख्या से भाग देना पड़ेगा।

उदाहरण : $3क^2 + क + 2$ में $2क - 3$ से भाग दो।

हल— $2क - 3$	$3क^2 +$	$क +$		2
3	3	1	:	2
		9/2	:	
			:	33/4
	$\frac{3}{2}$	$\frac{11}{4}$	:	$\frac{41}{4}$

उत्तर : भजनफल $\frac{3}{2}$ क + $\frac{11}{4}$ तथा

शेषफल $\frac{41}{4}$

इस विधि में भूल पड़ने की संभावना है। अतः आरंभ में ही भाजक को उसकी प्रथम गुणन-संख्या से भाग दे देंगे तथा पूरी प्रक्रिया करने के बाद प्राप्त भजनफल की सभी गुणन-संख्याओं को भाजक की प्रथम गुणन-संख्या से भाग देंगे। उपर्युक्त उदाहरण को ही लें,

क - $\frac{3}{2}$	$3क^2$	+ क	+ 2
$\frac{3}{2}$	3	1	2
		$\frac{9}{2}$	
			$\frac{33}{4}$
	3	$\frac{11}{2}$	$\frac{41}{4}$
2 से भाग दिया	$\frac{3}{2}$	$\frac{11}{4}$	

उत्तर : भजनफल $\frac{3}{2}$ क + $\frac{11}{4}$ तथा शेषफल $\frac{41}{4}$

(ख) तर्क विधि द्वारा भाग

भाग देने की तर्क विधि 'ऊर्ध्व' सूत्र पर आधारित है और व्यावहारिक रूप में उसकी लगभग विलोम है। अग्रलिखित उदाहरणों द्वारा इस विधि को समझा जा सकता है।

उदाहरण (1) : क^2 + क + 1 को क + 1 से भाग दो।

हल— (i) क^2 तथा क क्रमशः भाज्य तथा भाजक के प्रथम पद हैं, अतएव क^2 में क से भाग देने पर क भजनफल का प्रथम पद होना चाहिए।

(ii) क को 1 से गुणा करने पर क आता है, परंतु गुणनफल में क की गुणन-संख्या 1 है, अतएव हमें शेष 0 भाजक के क से 0 के गुणन द्वारा प्राप्त करना है। अतः भजनफल का निरपेक्ष पद 0 होगा। इसलिए भजनफल क और चूँकि $1 \times 0 = 0$, अतः शेष $1 - 0 = 1$ होगा।

उत्तर : भजनफल क तथा शेषफल 1

उदाहरण (2) : क^3 + 5 क^2 + 3 क + 2 में क − 3 से भाग दो।

हल— (i) क^3 ÷ क = क^2, इसलिए भजनफल का पहला पद क^2।

(ii) क^2 × (−3) = −3 क^2, परंतु भाज्य में 5क^2 है, इसका अर्थ यह हुआ कि हमें 8क^2 और चाहिए। यह क में 8क के गुणन से प्राप्त होगा। इसलिए भजनफल का द्वितीय पद 8 क होगा।

$$\frac{\text{क}^3 + 5\ \text{क}^2 + 3\ \text{क} + 2}{\text{क} - 3} = \text{क}^2 + 8\ \text{क} + \ldots\ldots$$

(iii) तृतीय पद के लिए हमारे पास (−3) × 8 क अर्थात् −24 क पहले से ही प्राप्त है। परंतु भाज्य में केवल 3 क है, अतः हमें 27 क अतिरिक्त चाहिए। यह क में 27 के गुणन से ही प्राप्त हो सकता है। इसलिए 27 भजनफल का तृतीय पद हुआ। अतः भजनफल = क^2 + 8 क + 27

(iv) अब यह भजनफल का अंतिम पद −3 से गुणा करने पर हमें −81 देता है। परंतु भाज्य में निरपेक्ष पद 2 है, इसलिए हमें अतिरिक्त 83 चाहिए। परंतु भाज्य में कोई और पद बचा नहीं, अतः 83 शेषफल बचेगा। अतः भजनफल क^2 + 8 क + 27 तथा शेषफल 83 होगा। उपर्युक्त प्रक्रिया को परावर्त्य विधि द्वारा सहज ही कर सकते हैं।

❑

अध्याय 2

विलोम गुणन या गुणनखंडन (द्विघाती)

I. द्विघाती व्यंजकों के गुणन खंडन की वैदिक विधि —

वैदिक गणित में विलोम गुणन आरंभिक अवस्था में आता है तथा इससे संबंधित बहुत प्रभावशाली सामग्री वैदिक सूत्रों के रूप में उपलब्ध है।

द्विघाती व्यंजकों के गुणनखंडन की प्रचलित विधि में जब द्विघातीय पद की गुणन-संख्या 1 हो तब हमें दो ऐसी संख्याएँ सोचकर ज्ञात करनी पड़ती हैं जिनका बीजगणितीय योग मध्य पद की गुणन-संख्या के समान हो तथा गुणनफल निरपेक्ष पद के बराबर हो।

उदाहरणार्थ : द्विघाती व्यंजक $क^2 + 5 क + 6$ को लेते हैं।

हम दो संख्याएँ 2 तथा 3 सोचते हैं, जिनका योग 5 तथा गुणनफल 6 है। हम $क + 2$ तथा $क + 3$ का गुणन मन ही मन करते हैं, जिनका कि गुणनफल $क^2 + 5 क + 6$ आता है। इस प्रकार $क^2 + 5 क + 6$ को $(क+2)(क+3)$ के रूप में गुणनखंडित करते हैं। इसकी वास्तविक प्रक्रिया चार पैड़ी वाली है।

$$क^2 + 5 क + 6 = क^2 + 2 क + 3 क + 6$$
$$= क (क + 2) + 3 (क + 2)$$
$$= (क + 2) \ (क + 3)$$

यह विधि गणितीय रूप से निस्संदेह शुद्ध परंतु कुछ लंबी है। चूँकि वास्तविक मानसिक प्रक्रिया उपर्युक्त विधि के अनुसार ही है, अतः इसमें कोई हानि नहीं। परंतु उन द्विघाती व्यंजकों में जिनकी कि प्रथम गुणन-संख्या एक नहीं है, विद्यार्थी असहाय हो ऊपर बताई गई चार पैड़ी का अनुकरण करते हैं तथा मानसिक विधि का अनुकरण करने से लाचार हो जाते हैं।

जैसे $4 क^2 + 8 क + 3$ के गुणनखंडन के प्रकरण में सर्वप्रथम द्विघाती

पद की गुणन-संख्या 4 तथा निरपेक्ष पद 3 का गुणनफल 12 ज्ञात करने के बाद 12 के ऐसे दो गुणनखंड करते हैं जिनका योग मध्य पद की गुणन-संख्या 8 के समान हो जाय, जो कि 6 तथा 2 आते हैं।

अतः $4 क^2 + 8 क + 3 = 4 क^2 + 6 क + 2 क + 3$

$= 2 क (2 क + 3) + (2क + 3)$

$= (2 क + 3) (2 क + 1)$

चूँकि छात्रों को इस विधि से मौखिक प्रश्न हल करना नहीं पढ़ाया जाता, अतः उन्हें इस कार्य में कठिनाई होती है। वैदिक विधि में दो लघु उपसूत्रों 'आनुरूप्येण' तथा 'आद्यमाद्येनान्त्यमन्त्येन' की सहायता से इस कठिनाई का निवारण किया गया है। प्रथम उपसूत्र 'आनुरूप्येण' का अर्थ है 'अनुपात सहित' तथा द्वितीय उपसूत्र 'आद्यमाद्येनान्त्यमन्त्येन' का अर्थ है 'प्रथम को प्रथम के द्वारा और अंतिम को अंतिम के द्वारा'।

मध्य पद की गुणन-संख्या का इस तरह के दो भागों में विभाजन करना है, जिससे कि पहले पद की गुणन-संख्या का पहले भाग के साथ अनुपात, दूसरे भाग का अंतिम गुणन-संख्या के साथ अनुपात दोनों समान हो जाएँ।

इस प्रकार $4 क^2 + 8 क + 3$ द्विघाती व्यंजक में मध्य पद की गुणन-संख्या 8 को इस प्रकार दो भागों (6 तथा 2) में विभाजित करते हैं, जिससे प्रथम पद की गुणन-संख्या तथा प्रथम भाग का अनुपात (4 : 6) और द्वितीय भाग की अंतिम गुणन-संख्या के साथ अनुपात (2 : 3) बराबर हों। अब यह अनुपात एक खंड देता है; अर्थात् 2 क + 3 दूसरा गुणनखंड, द्विघाती व्यंजक की प्रथम गुणन-संख्या 4 को गुणनखंड 2 क + 3 की प्रथम गुणन-संख्या 2 से तथा द्विघाती के अंतिम (निरपेक्ष) पद 3 को द्विघाती के उस गुणनखंड 2 क + 3 के अंतिम पद 3 से भाग देने से मिलता है। इस प्रकार द्वितीय गुणनखंड $\frac{4}{2} क + \frac{3}{3}$ अर्थात् 2 क + 1 होगा। अतः $4क^2 + 8 क + 3 = (2 क + 3) (2क + 1)$। मध्यपद की गुणन-संख्या के विभाजित करने में क्रम को बदलने से गुणनखंडों में कोई अंतर नहीं पड़ता ।

II. उत्तर की जाँच

उत्तर की जाँच हेतु इस संदर्भ में उपसूत्र 'गुणित समुच्चयः समुच्चय गुणितः' का पुनः उल्लेख करते हैं। जिसका उपयोग हमने संख्याओं के गुणन तथा भाग की शुद्धता की जाँच के लिए किया है।*

---

* इसके लिए देखिए लेखक की पुस्तक वैदिक अंकगणित, प्रभात प्रकाशन, दिल्ली।

'गुणित समुच्चय: समुच्चय गुणित:' का अर्थ है, 'गुणनखंडों की गुणन-संख्याओं के योग का गुणनफल, गुणनफल की गुणन-संख्याओं के योग के बराबर होता है।' इस सिद्धांत को संकेतों में इस प्रकार लिखेंगे—

गुणनखंडों की गुणन-संख्याओं के योग का गुणनफल

= गुणनफल की गुणन-संख्याओं का योग।

उदाहरणार्थ : पूर्वोक्त व्यंजक 4 $क^2$ + 5 क + 6 के गुणनखंडन के प्रकरण में 4 $क^2$ + 5 क + 6 = (2 क + 3) (2 क + 1) की सत्यता की जाँच के लिए

∵ (2+3) (2+1) = 4 + 5 + 6 सत्य है,

अत: प्राप्त गुणनखंड सही हैं। इस नियम का उपयोग उच्चघातीय व्यंजकों के गुणनखंडों की सत्यता की जाँच के हेतु भी किया जा सकता है। यथा—

$क^3$ + 6 $क^2$ + 11 क + 6 = (क + 1) (क + 2) (क + 3) की जाँच हेतु (1+1) (1+2) (1+3) = 1 + 6 + 11 + 6 अपने आपमें सत्य है, अत: गुणनखंड में त्रुटि नहीं है।

अभ्यास प्रश्न : द्विघातीय व्यंजकों के गुणनखंडों के अभ्यास हेतु कुछ प्रश्न नीचे दिए जा रहे हैं।

प्रश्न—गुणनखंड करो।	**उत्तर**
(1) 2 $क^2$ + क − 1	(2 क − 1) (क + 1)
(2) 2 $क^2$ + 3 क + 1	(2 क + 1) (क + 1)
(3) 2 $क^2$ + 5 क − 3	(2 क − 1) (क + 3)
(4) 2 $क^2$ + 15 क + 7	(2 क + 1) (क + 7)
(5) 2 $क^2$ + 5 क − 7	(2 क + 7) (क − 1)
(6) 6 $क^2$ + 7 क + 2	(3 क + 2) (2 क +1)
(7) 8 $क^2$ + 19 क + 6	(8 क + 3) (क + 2)
(8) 3 $क^2$ + 11 क + 6	(क + 3) (3 क + 2)
(9) 3 $क^2$ + 8 क + 4	(3 क + 2) (क + 2)
(10) 3 $क^2$ − 8 क + 4	(3 क − 2) (क − 2)
(11) 4 $क^2$ − 8 क + 3	(2 क − 3) (2 क − 1)
(12) 5 $क^2$ − 11 $क^2$ ख + 2 $ख^2$	(5 क − ख) (क − 2ख)

III. समांग द्विघाती व्यंजकों का गुणनखंडन

द्विघाती व्यंजकों के एक प्रकार का नाम है, 'द्वितीय कोटि के समघाती व्यंजक', जिनमें कई अक्षर (क, ख, ग, इत्यादि) एवं संख्याओं का प्रयोग

होता है। सामान्यतः छात्र इन्हें अत्यंत कठिन समझकर इनके नाम से ही भयभीत होते हैं; परंतु उपसूत्र 'आद्यमाद्येन' तथा 'लोपनस्थापनाभ्याम्' के प्रयोग से इनके गुणनखंड सरलतापूर्वक किए जा सकते हैं। माना कि हमें समांग द्विघाती 2 क^2 + 3 ख^2 + 6 ग^2 + 7 क ख + 11 ख ग + 7 ग क के गुणनखंड करने हैं। स्पष्ट है कि इस दशा में विभिन्न अक्षरों के विभिन्न घातों की गुणन संख्याओं का अनुपात निकालना सरल नहीं है, अतः छात्रों का डरना स्वाभाविक ही है। 'लोपनस्थापनाभ्याम्' उपसूत्र इन कठिनाइयों को दूर कर देता है और इस प्रकार के द्विघातीय व्यंजकों के गुणनखंड साधारण द्विघातीय व्यंजकों के गुणनखंडन के समान ही सरल हो जाते हैं। आइए देखते हैं: ऊपर दिए गए द्विघाती को गुणनखंडन के लिए लेने पर—

(i) सर्वप्रथम हम ग का विलोपन् करने हेतु ग=0 व्यंजक में रखते हैं तथा केवल क, ख की स्थिति बने रहने देते हैं तथा प्राप्त साधारण द्विघाती के गुणनखंड 'आद्यमाद्येन' उपसूत्र की सहायता से करते हैं।

(ii) फिर हम उसी प्रकार ख का विलोपन तथा क एवं ग की स्थापना कर क एवं ग के साधारण द्विघाती के गुणनखंड 'आद्यमाद्येन' उपसूत्र की सहायता से करते हैं।

(iii) इन दो गुणनखंडों के कुलकों की सहायता से ग तथा ख के आयोजित विलोपन के द्वारा क्रमशः उत्पन्न हुए रिक्त स्थानों की पूर्ति की जा सकती है और इससे हमें दिए गए समांग द्विघाती के वास्तविक गुणनखंड प्राप्त हो जाते हैं। यह विधि पूर्णतः तार्किक है। इस विधि द्वारा उपर्युक्त व्यंजक के गुणनखंड इस प्रकार करेंगे—

दिए गए व्यंजक में ग = 0 रखने पर व्यंजक

= 2 क^2 + 3 ख^2 + 7 क ख

= (2 क + ख) (क + 3 ख)

इसी प्रकार दिए गए व्यंजक में ख = 0 रखने पर

व्यंजक = 2 क^2 + 6 ग^2 + 7 ग क

= (2 क + 3 ग) (क + 2 ग)

लोपन जनित रिक्त स्थानों की पूर्ति के बाद

2 क^2 + 3 ख^2 + 6 ग^2 + 7 क ख + 11 ख ग + 7 ग क

= (2 क + ख + 3 ग) (क + 3 ख + 2 ग)

टिप्पणी : हम क का भी लोपन कर सकते हैं; परंतु यहाँ हमें ख तथा ग की स्थापना करनी होगी। तीन अक्षरों क, ख और ग में समांग द्विघातीय

व्यंजकों के लिए साधारणत: केवल दो लोपन ही पर्याप्त हैं, वे क, ख और ग में से कोई दो हो सकते हैं। परंतु कभी-कभी हमारी विवशता हो जाती है कि हम विशिष्ट अक्षरों का ही विलोपन करें। यथा—समांग द्विघातीय व्यंजक क^2 - 2ख^2 - 6ग^2 + क ख - 7ख ग + ग क में ख का लोपन करने पर,

क^2 - 6 ग^2 + ग क = (क + 3 ग) (क - 2 ग)।

ग का लोपन करने पर,

क^2 - 2 ख^2 + क ख = (क - ख) (क + 2 ख)।

यहाँ पर सभी गुणकों में पद 'क' है। अत: उचित संयोजन की कोई विधि नहीं है। इसलिए यह आवश्यक हो जाता है कि क का लोपन करें। क का लोपन करने पर,

- 2 ख^2 - 6 ग^2 - 7 ख ग = (2 ख + 3 ग) (- ख - 2 ग)।

अत: खाली स्थानों की पूर्ति करने पर,

क^2 - 2 ख^2 - 6 ग^2 + क ख - 7 ख ग + ग क

= (क + 2 ख + 3 ग) (क - ख - 2 ग)

IV. सामान्य बहुचर द्विघाती व्यंजक का गुणनखंडन

'लोपन स्थापनाभ्याम्' उपसूत्र की सहायता से हम सामान्य बहुचर द्विघाती व्यंजक के गुणनखंड ज्ञात कर सकते हैं। विधि नीचे दिए गए कुछ उदाहरणों से स्पष्ट हो जाएगी।

उदाहरण (1) : द्विघाती 3 क^2 + 7 कख + 2 ख^2 + 14 क + 8 ख + 8 के गुणनखंड ज्ञात करो।

हल— क के लोपन तथा ख की स्थापना से व्यंजक 2 ख^2 + 8 ख + 8 = (2 ख + 4) (ख + 2) दिए गए द्विघाती में क की स्थापना तथा ख के लोपन से

व्यंजक = 3 क^2 + 14 क + 8 = (क + 4) (3 क + 2)

लोपन जनित रिक्त स्थानों की पूर्ति से

3 क^2 + 7 क ख + 2 ख^2 + 14 क + 8 ख + 8

= (क + 2 ख + 4) (3 क + ख + 2)

उदाहरण (2) : द्विघाती 2 क^2 + 2 ख^2 + 3 ग^2 + 5 क ख + 7 ख ग + 5 क ग + 4 क + 5 ख + 5 ग + 2 के गुणनखंड करो।

हल— दिए गए द्विघाती में ख एवं ग का लोपन तथा क एवं निरपेक्ष पद की स्थापना करने पर—

व्यंजक = 2 $क^2$ + 4 क + 2 = (2 क + 2) (क + 1)

दिए गए द्विघाती व्यंजक में क के साथ ख का लोपन करने पर

व्यंजक = 3 $ग^2$ + 5 ग + 2 = (3 ग + 2) (ग + 1)

दिए गए द्विघाती व्यंजक में क के साथ ग के लोपन करने पर

व्यंजक = 2 $ख^2$ + 5 ख + 2 = (ख + 2) (2 ख + 1)

लोपन जनित रिक्त स्थानों की पूर्ति से

2$क^2$ + 2$ख^2$ + 3$ग^2$ + 5क ख + 7ख ग + 5ग क + 4क + 5ख + 5ग + 2

= (2क + ख + 3ग + 2) (क + 2ख + ग + 1)

उदाहरण (3) : द्विघाती 2 $क^2$ + 2 $ख^2$ + 3 $ग^2$ + 5 क ख + 7 ख ग + 5 क ग + 3 क + 3 ख + 4 ग + 1 के गुणनखंड करो।

हल—सर्वप्रथम समांग द्विघाती

2 $क^2$ + 2 $ख^2$ + 3 $ग^2$ + 5 क ख + 7 ख ग + 5 क ग के गुणनखंड करने पर 2 $क^2$ + 2 $ख^2$ + 3 $ग^2$ + 5 क ख + 7 ख ग + 5 क ग

= (2 क + ख + 3 ग) (क + 2 ख + ग)

अब दिए गए द्विघाती व्यंजक से ख एवं ग का लोपन तथा क की स्थापना करने पर

व्यंजक = 2 $क^2$ + 3 क + 1

= (2 क + 1) (क + 1)

लोपन जनित रिक्त स्थानों की पूर्ति से

2$क^2$ + 2$ख^2$ + 3$ग^2$ + 5क ख + 7ख ग + 5क ग + 3क + 3ख + 4ग + 1

= (2क + ख + 3ग + 1) (क + 2ख + ग + 1)

अभ्यास प्रश्न : गुणन्खंडन करो—

(i) $क^2$ + 6 $ख^2$ + $ग^2$ + 5 क ख + 5 ख ग + 2 क ग

उत्तर— (क + 2 ख + ग) (क + 3 ख + ग)

(ii) $क^2$ + 3 $ख^2$ + 3 $ग^2$ + 4 कख + 10 खग + 4 कग

उत्तर— (क + 3 ख + ग) (क + ख + 3 ग)

(iii) 4 $क^2$ + $ख^2$ + 9 $ग^2$ + 5 क ख + 6 ख ग + 15 ग क

उत्तर— (4 क + ख + 3 ग) (क + ख + 3 ग)

(iv) 2 $क^2$ + $ख^2$ + $ग^2$ + 3 क ख + 2 ख ग + 3 क ग

उत्तर— (2 क + ख + ग) (क + ख + ग)

(v) 2 क^2 + ख^2 + 3 ग^2 + 3 क ख + 4 ख ग + 7 क ग

उत्तर— (2 क + ख + ग) (क + ख + 3 ग)

(vi) 3 क^2 + 3 ख^2 + ग^2 + 10 क ख + 4 ख ग + 4 क ग

उत्तर— (3 क + ख + ग) (क + 3 ख + ग)

(vii) क^2 + 6 ख^2 + ग^2 + 5 क ख + 5 ख ग + 2 क ग + 2 क + 5 ख + 2 ग + 1

उत्तर— (क + 2 ख + ग + 1) (क + 3 ख + ग + 1)

(viii) 4 क^2 + ख^2 + 9 ग^2 + 5 क ख + 6 ख ग + 15 ग क + 6 क + 3 ख + 9 ग + 2

उत्तर— (4 क + ख + 3 ग + 2) (क + ख + 3 ग + 1)

(ix) 4 क^2 + ख^2 + 3 ग^2 + 4 क ख + 4 ख ग + 8 ग क + 10 क + 5 ख + 11 ग + 6

उत्तर— (2 क + ख + ग + 3) (2 क + ख + 3 ग + 2)

❑

अध्याय 3

घन इत्यादि के गुणनखंडन (तर्क विधि से)

हम किसी द्विपद, त्रिपद, चतुष्पद आदि द्वारा किसी बहुपद को शेषफल प्रमेय के प्रयोग से भाग देकर शेष निकालना जानते हैं। भाग की विधियों में से किसी एक का चयन कर भजनफल एवं शेष दोनों सरलतापूर्वक ज्ञात किए जा सकते हैं। जब शेषफल शून्य प्राप्त हो, हम कह सकते हैं कि भाज्य, भाजक से पूर्णतः विभाज्य है; अर्थात् भाजक, भाज्य का एक गुणनखंड है। यदि हम किसी प्रकार दिए हुए व्यंजक का एक गुणनखंड ज्ञात कर लें तब उस गुणनखंड से दिए हुए व्यंजक को भाग देकर दूसरा गुणनखंड सरलतापूर्वक ज्ञात कर सकते हैं। यह स्मरणीय रहे कि भाग देते समय परावर्त्य विधि अधिक श्रेयस्कर रहती है।

घन के प्रकरण में इस सिद्धांत को ध्यान में रखते हुए हम कह सकते हैं कि किसी प्रकार उसका एक द्विपद गुणनखंड ज्ञात कर लें तब उस गुणनखंड द्वारा घन बहुपद को भाग देने पर भजनफल के रूप में दूसरा द्विघाती गुणनखंड मिल जाता है। ये दोनों गुणनखंड 'आद्यमाद्येनान्त्यमन्त्येन' उपसूत्र के अनुप्रयोग द्वारा प्राप्त किए जा सकते हैं। विधि इस प्रकार होगी कि हम 'आद्यमाद्येन' उपसूत्र का उपयोग कर प्रथम और अंतिम पदों को लिख लेते हैं तथा 'गुणित समुच्चयः' सूत्र का प्रयोग कर मध्य पद लिख लेते हैं। गुणित समुच्चय नियम के अनुसार यहाँ यह स्मरण रहे कि गुणनखंडों की गुणन-संख्याओं के योग का गुणनफल, गुणनफल की गुणन-संख्याओं के योग के बराबर होता है। हम उदाहरण द्वारा स्पष्ट करते हैं—

माना हमें $क^3 + 4 क^2 + 5 क + 2$ के गुणनखंड प्राप्त करने हैं तथा किसी

प्रकार हमें मालूम हो जाता है कि इसका एक गुणनखंड क + 1 है। 'आद्यमाद्येन' उपसूत्र का प्रयोग कर यंत्रवत् दूसरे गुणनखंड के प्रथम तथा अंतिम पद $क^2$ तथा 2 लिख लेते हैं। अब प्रथम गुणनखंड की गुणन-संख्याओं के योग से दिए गए बहुपद की गुणन-संख्याओं के योग को भाग देकर उससे दूसरे गुणनखंड के प्रथम तथा अंतिम पद की गुणन संख्याओं के योग को घटाते हैं तो मध्य पद की गुणन-संख्या $\left\{\frac{1+4+5+2}{1+1}\right\}-(1+2)=3$ प्राप्त हो जाती है। अत: दूसरा गुणनखंड $क^2 + 3क + 2$ हुआ। इस प्रकार दिए गए बहुपद $क^3 + 4\,क^2 + 5\,क + 2$ के गुणनखंड $(क + 1)\,(क^2 + 3\,क + 2)$ होंगे। अब द्विघातीय गुणनखंड के आगे भी गुणनखंड किए जा सकते हैं।

इस प्रकार $क^3 + 4\,क^2 + 5\,क + 2 = (क + 1)\,(क + 1)\,(क + 2)$

$= (क + 1)^2\,(क + 2)$

अब प्रश्न एक घातीय द्विपद गुणनखंड ज्ञात करने के संबंध में उठता है कि आखिर यह गुणनखंड किस प्रकार प्राप्त किया जाय? भाज्य के भाजक द्वारा विभाजित होने का साधारण नियम पहले वर्णित किया जा चुका है, जो इस प्रकार है—

मान लें कि,

व = व्यंजक बहुपद

फ = भाजक

भ = भजनफल

तथा श = शेष

चूँकि भाज्य = भाजक × भजनफल + शेष

अत: व = फ भ + श

= (क-प)भ + श यदि फ = क - प

यहाँ क = प रख दें तो

$(व)_{क=प} = श$

अर्थात् दिए गए बहुपद व्यंजक में क = प रखें तो क - प से व्यंजक को भाग देने पर प्राप्त शेषफल ज्ञात हो जाता है।

विशिष्ट स्थिति :

(i) व में क = 1 रख दें तो चूँकि 1 के सभी घातों का मान 1 होता

है, अतः भाज्य व का मान क की घातों की सभी गुणन-संख्याओं के योग के समान हो जाएगा। यदि च, छ, ज, झ इत्यादि क्रमिक गुणन-संख्याएँ हैं तो क - 1 से व को भाग देने पर शेषफल = च + छ + ज + झ + ...

यदि शेषफल शून्य आता है, अर्थात् च + छ + ज + झ + ... = 0 तो व, क - 1 से पूर्णतः विभाज्य है। दूसरे शब्दों में क - 1, व का एक गुणनखंड है।

(ii) यदि व में क = - 1 रखें तब चूँकि - 1 के विषम घातों का मान - 1 होगा तथा सम घातों का + 1, अतः दिए गए व्यंजक के क + 1 से विभाज्य होने की स्थिति में च - छ + ज - झ + ... = 0

अर्थात् च + ज + ------ = छ + झ + ...

अर्थात् यदि क के विषम घातों की गुणन-संख्याओं का योग क के सम घातों की गुणन-संख्याओं के योग के समान है तब क + 1 दिए व्यंजक का एक गुणनखंड है।

यदि व = (क + त) (क + थ) (क + द) ....

सूत्र (क + त) (क + थ) (क + द)

= $क^3$ + (त + थ + द) $क^2$ + (त थ + थ द + त द) क + त थ द

को ध्यान में रखते हुए तथा तार्किक विधि के सहारे त्रिघात व्यंजकों के गुणनखंड शेषफल प्रमेय के व्यावहारिक उपयोग द्वारा किए जा सकते हैं।

यहाँ कुछ उदाहरण प्रस्तुत हैं।

उदाहरण (1) : $क^3$ + 8 $क^2$ + 12 क + 5 के गुणनखंड करो।

हल—

प्रथम विधि—यहाँ गुणन-संख्याओं का योग = 1 + 8 + 12 + 5 = 26 तथा अंतिम पद 5 है।

अतः त, 5 का एक गुणनखंड होगा, जिसका संभावित मान ± 1 या ± 5 में से कोई हो सकता है। चूँकि त के एकाधिक से 26 विभाज्य होगा। अतः इनमें से त का संभावित मान 1 है। दिए व्यंजक का संभावित गुणनखंड क + 1 जिसका हम परीक्षण करने पर सही पाते हैं। क + 1 से दिए व्यंजक को भाग देने पर दूसरा गुणनखंड 'आद्यमाद्येनान्त्यमन्त्येन' तथा 'गुणित समुच्चयः समुच्चय गुणितः' उपसूत्रों के अनुप्रयोग से $क^2$ + 7 क + 5 प्राप्त करते हैं।

अतः दिए गए व्यंजक $क^3$ + 8 $क^2$ + 12 क + 5 के गुणनखंड (क + 1) ($क^2$ + 7 क + 5)

द्विघाती गुणनखंड के आगे गुणनखंड नहीं होते, अतः अभीष्ट गुणनखंड

(क + 1) (क^2 + 7 क + 5) होंगे।

द्वितीय विधि—यहाँ गुणन-संख्याओं का योग = 26

विषम घातीय पदों की गुणन-संख्याओं का योग 1 + 12 = 13

सम घातीय पदों की गुणन-संख्याओं का योग 8 + 5 = 13

दोनों योग समान हैं, अतः क + 1 दिए व्यंजक का एक गुणनखंड है।

क + 1 से दिए व्यंजक को भाग देने पर दूसरा गुणनखंड 'आद्यमाद्येनान्त्यमन्त्येन' तथा 'गुणित समुच्चयः समुच्चय गुणितः' उपसूत्रों के अनुप्रयोग से क^2 + 7 क + 5 प्राप्त होता है, जिसके आगे गुणनखंड नहीं होते। अतः अभीष्ट गुणनखंड (क + 1) (क^2 + 7 क + 5)।

उदाहरण (2) : क^3 − 5 क^2 + 7 क − 3 के गुणनखंड करो।

हल—

प्रथम विधि—यहाँ गुणन-संख्याओं का योग = 1 − 5 + 7 − 3 = 0

अतः क − 1 व्यंजक का एक गुणनखंड है। यहाँ दूसरा गुणनखंड प्राप्त करने हेतु 'आद्यमाद्येनान्त्यमन्त्येन' एवं 'गुणित समुच्चयः समुच्चय गुणितः' उपसूत्र विधि का प्रयोग नहीं किया जा सकता। क्योंकि 0 का 0 से भाग अपरिभाषित है। अतः यहाँ व्यंजक को क − 1 से भाग देने के लिए परावर्त्य मनस्थ विधि का प्रयोग करेंगे, जिससे भजनफल क^2 − 4 क + 3 प्राप्त होता है। इसके 'आद्यमाद्येन' नियम से आगे गुणनखंड (क − 1) (क − 3) प्राप्त करते हैं।

अतः दिए गए व्यंजक के अभीष्ट गुणनखंड (क − 1)^2 (क − 3)।

द्वितीय विधि—दिए व्यंजक के निरपेक्ष पद − 3 के गुणनखंड − 1, − 1 तथा − 3; क्योंकि इनका योग दूसरी गुणन-संख्या − 5 के समान है। इनके लिए तीसरी गुणन-संख्या की जाँच भी सही बैठती है, क्योंकि

$(-1)(-1) + (-1)(-3) + (-3)(-1) = 7$

अतः अभीष्ट गुणनखंड (क − 1) (क − 1) (क − 3)।

उदाहरण (3) : क^3 + 8 क^2 + 19 क + 12 के गुणनखंड करो।

हल—

प्रथम विधि—दिए व्यंजक की गुणन-संख्याओं का योग =

1 + 8 + 19 + 12 = 40

विषम घातीय पदों की गुणन-संख्याओं का योग = 1 + 19 = 20

सम घातीय पदों की गुणन-संख्याओं का योग = 8 + 12 = 20

अतः क + 1 व्यंजक का एक गुणनखंड है।

दूसरा गुणनखंड 'आद्यमाद्येनान्त्यमन्त्येन' तथा 'गुणित समुच्चय' उपसूत्र विधि से $क^2 + 7 क + 12$ प्राप्त होता है, जिसके आगे 'आद्यमाद्येनान्त्यमन्त्येन' तथा 'आनुरूप्य' विधि से गुणनखंड (क + 3) (क + 4) प्राप्त होते हैं। अत: दिए गए व्यंजक के गुणनखंड (क + 1) (क + 3) (क + 4)।

दूसरी विधि—दिए व्यंजक में गुणन-संख्याओं का योग = 40

निरपेक्ष पद 12 के गुणनखंड ± 1, ± 2, ± 3, ±4, ±6, ±12

इनमें से तीन संख्याओं 1, 3, 4 का समूह ही ऐसा है जिनका योग द्वितीय गुणन संख्या 8 के समान तथा दो-दो संख्याओं के गुणा का योग (1 × 3 + 3 × 4 + 4 × 1) तृतीय गुणन-संख्या 19 के समान है।

अत: अभीष्ट गुणनखंड (क + 1)(क + 3)(क + 4)

उदाहरण (4) : $क^3 - 4क^2 - 17क + 60$ के गुणनखंड करो।

हल—यहाँ गुणन-संख्या का योग = 40

विषम घातीय पदों की गुणन-संख्याओं का योग = 1 − 17 = − 16

समघातीय पदों की गुणन-संख्याओं का योग = −4 + 60 = 56

निरपेक्ष पद 60 है, जो कि 1 × 2 × 2 × 3 × 5 के समान है।

अत: ±1, ± 2, ± 3, ± 4, ± 5, ± 6, ± 10, ± 12, ± 15, ± 20, ± 30, ± 60 संभावित गुणनखंडों के निरपेक्ष पद हैं। दिए गए व्यंजक के प्रत्येक गुणनखंड की गुणन-संख्याओं का योग, व्यंजक की गुणन-संख्याओं के योग 40 का गुणनखंड होना चाहिए।

अत: 2, − 4, 5, 6, ± 10, ± 12, ± 15, ± 20, ± 30, ± 60 संभावित गुणनखंडों के निरपेक्ष पद नहीं हैं। शेष संभावित गुणनखंडों के निरपेक्ष पद ± 1, − 2, ± 3, 4, − 5, − 6

चूँकि व्यंजक की गुणन-संख्याओं का योग शून्य नहीं है तथा समघात पदों की गुणन-संख्याओं का योग विषम घात पदों की गुणन-संख्याओं के समान भी नहीं है अत: ± 1 की संभावना भी समाप्त।

अब शेष संभावित गुणनखंडों के निरपेक्ष पद − 2, ± 3, 4, − 5, − 6

चूँकि व्यंजक का निरपेक्ष पद धनात्मक तथा दिया बहुपद व्यंजक त्रिघाती है, अत: या तो तीनों गुणनखंडों के निरपेक्ष पद धनात्मक हैं या एक धनात्मक तथा दो ऋणात्मक । साथ ही तीनों का गुणनफल 60 होना चाहिए। यदि एक संख्या 3 लें तो अन्य दोनों का गुणनफल 20 होगा। परंतु −2, −3, −5, −6 में से दो समान या पृथक् संख्याएँ चुनकर गुणा करने पर 20 प्राप्त नहीं होता। अत: संख्या 4 लेंगे तो अन्य दोनों का गुणनफल 15 होगा,

जो −3 तथा −5 के गुणा से प्राप्त होगा।

अतः संभावित गुणनखंडों के निरपेक्ष पद 4, −3, −5 ये द्वितीय गुणन-संख्या तथा तृतीय गुणन-संख्याओं के लिए शर्तें पूरी करते हैं। अतः दिए गए व्यंजक के अभीष्ट गुणनखंड (क + 4) (क − 3) (क − 5)।

अभ्यास प्रश्न—निम्नलिखित बहुपदियों के गुणनखंड करो—

(i) $क^3 + 6 क^2 + 11 क + 6$

(ii) $क^3 - 6 क^2 + 11 क - 6$

(iii) $क^3 + 12 क^2 + 44 क + 48$

(iv) $क^3 - 2 क^2 - 23 क + 60$

(v) $क^3 - 2 क^2 - 5 क + 6$

(vi) $क^3 + 3 क^2 - 17 क - 38$

(vii) $क^3 + 8 क^2 + 19 क + 12$

(viii) $क^3 - 7 क + 6$

❑

अध्याय 4

अवकल-कलन तथा इसकी सहायता से उच्चघातीय व्यंजकों के पुनरावृत्त गुणनखंड ज्ञात करना

अवकल-कलन—'अवकल-कलन' 'चलन-कलन' का नवीन नाम है। 'चलन' का अर्थ 'चाल' या 'चलना' है। अत: 'चलन-कलन' का अर्थ 'चाल या गति का हिसाब' हुआ। मान लें कि दो राशियों य, र में र = 3 $य^2$ + 2 संबंध है। इस समीकरण में यदि हम य = 1 रखें तो र = 5, यदि य = 2 रखें तो र = 14, और यदि य = 3 रखें तो र = 29 प्राप्त होता है। इस प्रकार हम देखते हैं कि य के मान के साथ र का मान बदल रहा है।

कोई राशि (बीज) जिसका मान बदलता रहता है, **चर राशि** कहलाती है।

वह राशि जिसका मान स्थिर रहता है, **अचर राशि** कहलाती है।

दिए समीकरण में य एक चर राशि तथा 3 एवं 2 अचर राशि हैं।

इसके अतिरिक्त उपर्युक्त समीकरण में य को हम इच्छानुसार कोई भी मान दे सकते हैं, अत: य स्वतंत्र चर है; परंतु र का मान य के मान पर निर्भर है। अत: र परतंत्र चर है।

उपर्युक्त समीकरण में य के प्रत्येक मान के अनुसार र का केवल एक निश्चित मान होता है। कोई राशि जिसका य के प्रत्येक मान के लिए केवल एक ही और निश्चित मान होता है, य का फलन कहलाती है। इसे हम सामान्यत: फ (य) से निरूपित करते हैं। उपर्युक्त समीकरण में र, य का एक फलन है।

अत: किसी फलनीय संबंध में एक राशि के परिवर्तन की दर, दूसरी राशि के परिवर्तन की दर पर निर्भर करती है। इस परिवर्तन की दर का अध्ययन

ही अवकल-कलन का उद्देश्य है।

अवकल गुणन-संख्या

समीकरण र = $य^{न}$ में—

माना कि हम य में 'तोय' की अल्प वृद्धि करते हैं, और इसके फलस्वरूप र में जो वृद्धि होती है उसे हम तोर द्वारा निरूपित करते हैं। तो

$$र + तोर = (य + तोय)^{न}$$

$$\therefore \quad तोर = (य + तोय)^{न} - र$$

$$= (य + तोय)^{न} - य^{न}$$

$$= \left\{ य^{न} + \frac{न\ य^{न-1}}{1} तोय + \frac{न(न-1)}{1 \times 2} य^{न-2} तोय^{2} + \ldots\ldots\ldots तोय^{न} \right\} - य^{न}$$

$$= तोय \left\{ न\ य^{न-1} + \frac{न\ (न-1)}{2} य^{न-2}\ तोय + \ldots\ldots\ldots \right\}$$

$$\frac{तोय}{तोय} = न\ य^{न-} + \frac{न\ (न-1)}{2} य^{न-2}\ तोय + \ldots\ldots\ldots$$

$$\therefore \quad \underset{तोय \to 0}{सीमा} \frac{तोर}{तोय} = न\ य^{न-1}$$

$\frac{तोर}{तोय}$ की इस सीमा को जब य $\to$ 0, $य^{न}$ की, य के प्रति प्रथम अवकल गुणन-संख्या कहते हैं।

व्यापक रूप से मान लें र = फ (य)

तब र + तोर = फ (य + तोय)

$\therefore$ तोर = फ (य + तोय) - फ (य)

$$अतः \quad \underset{तोय \to 0}{सीमा} \frac{तोर}{तोय} = \underset{तोय \to 0}{सीमा} \frac{फ\ (य + तोय) - फ\ (य)}{तोय}$$

और यह सीमा फ (य) का, य के प्रति, प्रथम अवकल गुणन-संख्या कहलाती है। रीत्यानुसार इस सीमा को $\frac{तार}{ताय}$ लिखते हैं। इसका अभिप्राय

है कि यह राशि फलन र की य के प्रति तात्कालिक गति का निरूपण करती है।

यह सरलतापूर्वक सिद्ध किया जा सकता है कि

(i) $\frac{\text{ता}}{\text{ताय}} (\text{र}_1 \pm \text{र}_2) = \frac{\text{तार}_1}{\text{ताय}} \pm \frac{\text{तार}_2}{\text{ताय}}$

(ii) $\frac{\text{ता}}{\text{ताय}} (\text{र}_1\text{र}_2) = (\text{र}_1 \times \frac{\text{तार}_2}{\text{ताय}} + \text{र}_2 \times \frac{\text{तार}_1}{\text{ताय}})$

(iii) $\frac{\text{ता}}{\text{ताय}} (\text{क र}) = \text{क} \times \frac{\text{तार}}{\text{ताय}}$ जहाँ कि क अचर राशि है।

(iv) $\frac{\text{ता}}{\text{ताय}} (\text{क}) = 0$ जबकि क अचर राशि है।

इस प्रकार $\frac{\text{ता}}{\text{ताय}} (\text{प}_0\text{य}^{\text{न}} + \text{प}_1\text{य}^{\text{न}-1} + \text{प}_2\text{य}^{\text{न}-2} + \ldots\ldots\text{प}_{\text{न}})$

$= \text{प}_0\text{न य}^{\text{न}-1} + \text{प}_1(\text{न}-1)\ \text{य}^{\text{न}-2} + \ldots\ldots\text{प}_{\text{न}-1}$

फलन र की य के प्रति द्वितीय, तृतीय, चतुर्थ, ... अवकल गुणन-संख्याओं को क्रमशः संकेतों

$\frac{\text{ता}^2\ \text{र}}{\text{ता य}^2}, \frac{\text{ता}^3\ \text{र}}{\text{ता य}^3}, \frac{\text{ता}^4\ \text{र}}{\text{ता य}^4}$, ... द्वारा निरूपित करते हैं।

बहुपद के गुणनखंडों तथा उसकी क्रमिक अवकल गुणन-संख्याओं के बीच संबंध—

एक बहुपद के गुणनखंडों और उसकी क्रमिक अवकल गुणन-संख्याओं में आंतरिक संबंध होता है, जिसको हम निम्न उदाहरणों में देख सकते हैं—

(i) $\text{व} = \text{क}^2 + 5\text{क} + 6 = (\text{क} + 2)(\text{क} + 3)$

क के प्रति व की प्रथम अवकल गुणन-संख्या

$\frac{\text{ताव}}{\text{ताक}} = 2\,\text{क} + 5 = (\text{क} + 2) + (\text{क} + 3)$

(ii) $व = क^3 + 6 क^2 + 11 क + 6 = (क + 1) (क + 2) (क + 3)$

क के प्रति व की प्रथम अवकल गुणन-संख्या

$$\frac{ताव}{ताक} = 3 क^2 + 12 क + 11$$

$$= (क + 1) (क + 2) + (क + 2) (क + 3) + (क + 3) (क + 1)$$

क के प्रति व की द्वितीय अवकल गुणन-संख्या

$$\frac{ता^2 व}{ता क^2} = 6 क + 12$$

$$= 2 (3क + 4)$$

$$= 2 \{(क + 1) + (क + 2) + (क + 3)\}$$

(iii) $व = क^4 + 14 क^3 + 71 क^2 + 154 क + 120$

क के प्रति व की प्रथम अवकल गुणन-संख्या

$$\frac{ताव}{ताक} = 4 क^3 + 42 क^2 + 142 क + 154$$

$$= (क + 2) (क + 3) (क + 4) + (क + 3) (क + 4) (क + 5) + (क + 4) (क + 5) (क + 2) + (क + 5) (क + 2) (क + 3)$$

क के प्रति व की द्वितीय अवकल गुणन-संख्या

$$\frac{ता^2 व}{ता क^2} = 12 क^2 + 84 क + 142$$

$$= 2 [(क + 2) (क + 3) + (क + 3) (क + 4) + (क + 4) (क + 5) + (क + 5) (क + 2) + (क + 2) (क + 4) + (क + 3) (क + 5)]$$

क के प्रति व की तृतीय अवकल गुणन-संख्या

$$\frac{ता^3 व}{ता क^3} = 24 क + 84$$

$$= 2 \times 3 [(क + 2) + (क + 3) + (क + 4) + (क + 5)]$$

(iv) $व = क^5 + 15\ क^4 + 85\ क^3 + 225\ क^2 + 274\ क + 120$
$= च\ छ\ ज\ झ\ ट$

अत:

$$\frac{ताव}{ताक} = 5क^4 + 60क^3 + 255क^2 + 450क + 274 = \Sigma\ च\ छ\ ज\ झ$$

$$\frac{ता^2\ व}{ता\ क^2} = 20\ क^3 + 180\ क^2 + 510\ क + 450 = 2\ \Sigma\ च\ छ\ ज$$

$$\frac{ता^3\ व}{ता\ क^3} = 60\ क^2 + 360\ क + 510 = 2 \times 3\ \Sigma\ च\ छ$$

$$\frac{ता^4\ व}{ता\ क^4} = 120\ क + 360 = 2 \times 3 \times 4\ \Sigma\ च$$

यहाँ पर $च = क + 1$, $छ = क + 2$, $ज = क + 3$, $झ = क + 4$, $ट = क + 5$, जो कि दिए बहुपद व्यंजक के गुणनखंड हैं।

यदि हमें एक पुनरावृत्त गुणनखंड मालूम हो जाय तो अन्य गुणनखंड आसानी से मालूम हो सकते हैं।

किसी बहुपद के गुणनखंड तथा अवकल गुणन-संख्याओं में एक घनिष्ठ संबंध यह है कि पुनरावृत्त गुणनखंडों की उनके क्रम के समान क्रम वाली अवकल गुणन-संख्याओं में ही समाप्ति होती है, उसके पूर्व की अवकल गुणन-संख्याओं में उस गुणनखंड की क्रमानुसार कमी से उपस्थिति रहती है। इस गुण के द्वारा पुनरावृत्त गुणनखंडों की पहचान की जा सकती है। यथा—

(i) $व = क^3 + 4\ क^2 + 5\ क + 2 = (क + 1)^2\ (क + 2)$

$$\frac{ताव}{ताक} = 3\ क^2 + 8\ क + 5 = (क + 1)\ (3\ क + 5)$$

$$\frac{ता^2\ व}{ता\ क^2} = 6\ क + 8 = 2\ (3\ क + 4)$$

यहाँ क + 1 की दो बार आवृत्ति है, जो कि प्रथम अवकल गुणन-संख्या में एक बार उपस्थित है तथा दूसरे और उच्च क्रम की अवकल गुणन-संख्याओं में नहीं है।

(ii) $व = क^4 + 7 क^3 + 18 क^2 + 20 क + 8 = (क + 1)(क + 2)^3$

$$\frac{ताव}{ताक} = 4 क^3 + 21 क^2 + 36 क + 20 = (4 क + 5)(क + 2)^2$$

$$\frac{ता^2 व}{ता क^2} = 12 क^2 + 42 क + 36 = 6 (2 क + 3)(क + 2)$$

$$\frac{ता^3 व}{ता क^3} = 24 क + 42 = 6 (4 क + 7)$$

यहाँ क की तीन बार आवृत्ति है, जो कि प्रथम अवकल गुणन-संख्या में दो बार उपस्थित है तथा दूसरी अवकल गुणन-संख्या में एक बार उपस्थित है। तीसरे और उच्च क्रम की अवकल गुणन-संख्याओं में नहीं है। इस गुण की सहायता से हम कुछ उच्च घात बहुपदों के गुणनखंड करेंगे, जिनमें कि किसी गुणनखंड की आवृत्ति हो रही है। यहाँ प्रयुक्त होने वाले सूत्र होंगे : (i) चलन कलनाभ्याम् (ii) गुणक समुच्चय।

उदाहरण (1) : व्यंजक $क^4 + 5 क^3 + 9 क^2 + 7 क + 2$ के गुणनखंड करो।

हल— $व = क^4 + 5 क^3 + 9 क^2 + 7 क + 2$

$$\frac{ताव}{ताक} = 4 क^3 + 15 क^2 + 18 क + 7$$

$$\frac{ता^2 व}{ता क^2} = 12 क^2 + 30 क + 18 = 6 (2 क + 3)(क + 1)$$

$$\frac{ता^3 व}{ता क^3} = 24 क + 30 = 3 \times 2 (4 क + 5)$$

$\frac{ता^2 व}{ता क^2}$ में गुणनखंड (2 क + 3) एवं (क + 1) हैं, जो $\frac{ता^3 व}{ता क^3}$ में नहीं है। परंतु (2 क + 3), $\frac{ताव}{ताक}$ का गुणनखंड नहीं हो सकता। $\frac{ताव}{ताक}$

के सम एवं विषम घात पदों की गुणन-संख्याओं के योग समान हैं, इसलिए (क + 1) इसका गुणनखंड है।

अत: (क + 1) की आवृत्ति है, जो कि तीन बार होगी।

अत: शेष गुणनखंड (4 क + 5) − 3 (क + 1) = क + 2

इसलिए व = $(\text{क} + 1)^3$ (क + 2)

उदाहरण (2) : $\text{क}^5 - 15\ \text{क}^3 - 10\ \text{क}^2 + 60\ \text{क} + 72$ के गुणनखंड करो।

हल—व = $\text{क}^5 - 15\ \text{क}^3 - 10\ \text{क}^2 + 60\ \text{क} + 72$

$$\frac{\text{ताव}}{\text{ताक}} = 5\ \text{क}^4 - 45\ \text{क}^2 - 20\ \text{क} + 60$$

$$\frac{\text{ता}^2\ \text{व}}{\text{ता क}^2} = 20\text{क}^3 - 90\text{क} - 20 = 10\ (\text{क} + 2)\ (2\text{क}^2 - 4\text{क} - 1)$$

$$\frac{\text{ता}^3\ \text{व}}{\text{ता क}^3} = 60\ \text{क}^2 - 90 = 30\ (2\ \text{क}^2 - 3)$$

$$\frac{\text{ता}^4\ \text{व}}{\text{ता क}^4} = 120\ \text{क} = 2 \times 3 \times 4\ (5\ \text{क})$$

$\frac{\text{ता}^2\ \text{व}}{\text{ता क}^2}$ में गुणनखंड क + 2 है जो कि $\frac{\text{ता}^3\ \text{व}}{\text{ता क}^3}$ में नहीं है।

क + 2 व्यंजक व और $\frac{\text{ताव}}{\text{ताक}}$ दोनों का गुणनखंड है।

अत: दिए व्यंजक व में क + 2 की तीन बार आवृत्ति होगी। शेष दोनों गुणनखंडों का योग 5 क − 3 (क + 2) = 2 क − 6 होगा। स्पष्ट है कि शेष दोनों गुणनखंडों के निरपेक्ष पद ऋणात्मक होंगे तथा उनका गुणनफल $\frac{72}{2 \times 2 \times 2} = 9$ को पूर्णत: विभाजित करेगा। अत: ये गुणनखंड क − 3, क − 3 होंगे।

अतः दिए व्यंजक के अभीष्ट गुणनखंड (क + 2)^3 (क − 3)^2

अभ्यास प्रश्न—गुणनखंडन करो—

(i) क^4 − 2 क^3 − 11 क^2 + 12 क + 36 = 0

(ii) क^4 − 10 क^3 + 24 क^2 − 22 क + 7 = 0

(iii) क^5 − 7 क^4 + 19 क^3 − 25 क^2 + 16 क − 4 = 0

(iv) क^5 − 9 क^4 + 32 क^3 − 56 क^2 + 48 क − 16 = 0

(v) क^3 − 7 क^2 + 16 क − 12 = 0

❑

अध्याय 5

महत्तम समापवर्तक

दो या अधिक व्यंजकों का महत्तम समापवर्तक निकालने की दो विधियाँ प्रचलित हैं। पहली गुणनखंडों की सहायता से और दूसरी लगातार भाग देने की प्रक्रिया द्वारा। गुणनखंड विधि अधिक दिमागी है, किंतु कठिन है और इसलिए इस पर निर्भर नहीं रहा जा सकता। भाग देनेवाली गणितीय विधि अधिक यंत्रवत् है, इसलिए सभी प्रश्नों पर लागू होती है। परंतु यह लंबी होने के कारण कष्टप्रद है।

वैदिक गणित में एक अन्य विधि है, जो कि सभी प्रकार के प्रश्नों पर लागू होती है तथा साथ ही दोषरहित है। इस विधि में मुख्यतः 'लोपन स्थापनाभ्याम्' उपसूत्र, संकलन-व्यवकलन प्रक्रिया तथा 'आद्यमाद्येन' नियम का अनुप्रयोग होता है। इस विधि में एकांतर क्रम से उच्चतम तथा लघुतम घातों का लोप किया जाता है जो कि गुणन-संख्याओं के साथ उपयुक्त गुणा करते हुए गुणजों को जोड़ने या घटाने के द्वारा किया जाता है।

उदाहरण (1) : $\text{क}^2 + \text{क} - 2$ तथा $\text{क}^2 + 3\,\text{क} + 2$ का महत्तम समापवर्त्य ज्ञात करो।

हल—व्यवकलन क्रिया द्वारा उच्चतम घातों के लोपन से,

$$\begin{array}{rrrrr} & \text{क}^2 & + 3\,\text{क} & + 2 \\ + & \text{क}^2 & + \text{क} & - 2 \\ & - & - & + \\ \hline 2) & & 2\,\text{क} & + 4 \\ \hline & & \text{क} & + 2 \end{array}$$

जोड़कर लघुत्तम घात के लोपन से

$$\begin{array}{r} क^2 + 3\,क + 2 \\ क^2 + \;\;क - 2 \\ \hline 2\,क\;)\;2\,क^2 + 4\,क \\ \hline क + 2 \end{array}$$

लोपन के बाद उभयनिष्ठ गुणनखंड क + 2 को प्राप्त कर लेते हैं, जो कि दोनों व्यंजकों का म.स. है।

उदाहरण (2) : $क^3 + 3\,क^2 + 3\,क + 2$ तथा $क^2 + क + 1$ का महत्तम समापवर्त्तक बताओ।

हल—द्वितीय व्यंजक को क से गुणा करके, प्रथम व्यंजक से घटाकर, उच्चतम घात के लोपन से

$$\begin{array}{r} क^3 + 3\,क^2 + 3\,क + 2 \\ \underset{-}{+}\,क^3 \underset{-}{+} \;\;क^2 \underset{-}{+} \;\;क \\ \hline 2\;)\;\;\;2\,क^2 + 2\,क + 2 \\ \hline क^2 + \;\;क + 1 \end{array}$$

द्वितीय व्यंजक को 2 से गुणा करके, प्रथम व्यंजक से घटाकर, लघुतम घात के लोपन से

$$\begin{array}{r} क^3 + 3\,क^2 + 3\,क + 2 \\ \underset{-}{+}\,2\,क^2 \underset{-}{+} 2\,क \underset{-}{+} 2 \\ \hline क\;)\;क^3 + \;\;क^2 + \;\;क \\ \hline क^2 + \;\;क + \;\;1 \end{array}$$

लोपन के बाद उभयनिष्ठ गुणनखंड $क^2 + क + 1$ को प्राप्त कर लेते हैं, यह अभीष्ट म. स. है।

उदाहरण (3) : $क^5 - 15\,क^3 - 10\,क^2 + 60\,क + 72$ तथा $क^3 - 7\,क - 6$ का म.स. ज्ञात करो।

हल—द्वितीय व्यंजक को $क^2$ से गुणा करके, प्रथम व्यंजक से घटाकर, उच्चतम घात के लोपन से—

$$\begin{array}{rl} & \text{क}^5 - 15\,\text{क}^3 - 10\,\text{क}^2 + 60\,\text{क} + 72 \\ & +\,\text{क}^5 - 7\,\text{क}^3 - 6\,\text{क}^2 \\ & -\quad\;\; +\quad\;\; + \\ \hline -4\,) & -8\,\text{क}^3 - 4\,\text{क}^2 + 60\,\text{क} + 72 \\ \hline & 2\,\text{क}^3 + \text{क}^2 - 15\,\text{क} - 18 \end{array}$$

अब हमें $2\,\text{क}^3 + \text{क}^2 - 15\,\text{क} - 18$ तथा $\text{क}^3 - 7\,\text{क} - 6$ का म. स. निकालना है, जो अभीष्ट म. स. होगा। इन दोनों व्यंजकों में से द्वितीय को 2 से गुणा करके, प्रथम से घटाकर, उच्चतम घात के लोपन से—

$$\begin{array}{l} 2\,\text{क}^3 + \text{क}^2 - 15\,\text{क} - 18 \\ +\,2\,\text{क}^3 \qquad\;\; - 14\,\text{क} - 12 \\ -\qquad\qquad\quad +\qquad\;\; + \\ \hline \qquad\quad \text{क}^2 - \text{क} - 6 \end{array}$$

द्वितीय व्यंजक को 3 से गुणा करके, प्रथम में से घटाकर, लघुतम घात के लोपन से—

$$\begin{array}{rl} & 2\,\text{क}^3 + \text{क}^2 - 15\,\text{क} - 18 \\ & +\,3\,\text{क}^3 \qquad\;\; - 21\,\text{क} - 18 \\ & -\qquad\qquad\quad +\qquad\;\; + \\ \hline -\,\text{क}\,) & -\,\text{क}^3 + \text{क}^2 + 6\,\text{क} \\ \hline & \text{क}^2 - \text{क} - 6 \end{array}$$

लोपन के बाद प्राप्त दोनों व्यंजकों में उभयनिष्ठ गुणनखंड $\text{क}^2 - \text{क} - 6$ है जो अभीष्ट म. स. है।

उदाहरण (4) : $\text{क}^6 + \text{क}^5 + \text{क}^4 - \text{क}^2 - \text{क} - 1$ तथा $\text{क}^6 - \text{क}^5 + \text{क}^4 - 2\,\text{क}^3 + \text{क}^2 - \text{क} + 1$ का म. स. ज्ञात करो।

हल—घटाएँ

$$\begin{array}{rl} & \text{क}^6 + \text{क}^5 + \text{क}^4 \qquad\qquad - \text{क}^2 - \text{क} - 1 \\ & +\;\text{क}^6 - \text{क}^5 + \text{क}^4 - 2\text{क}^3 + \text{क}^2 - \text{क} + 1 \\ & -\qquad +\qquad -\qquad +\qquad -\qquad +\qquad - \\ \hline 2\,) & 2\text{क}^5 \qquad + 2\text{क}^3 - 2\text{क}^2 \qquad - 2 \\ \hline & \text{क}^5 \qquad + \text{क}^3 - \text{क}^2 \qquad - 1 \end{array}$$

योग करें

$$
\begin{array}{l}
क^6 + क^5 + क^4 - क^2 - क - 1 \\
क^6 - क^5 + क^4 - 2क^3 + क^2 - क + 1 \\
\hline
2क)\; 2क^6 + 2क^4 - 2क^3 - 2क \\
\hline
क^5 + क^3 - क^2 - 1
\end{array}
$$

अतः म.स. $= क^5 + क^3 - क^2 - 1$

उदाहरण (5) **:** $क^6 - 1$ तथा $क^6 - क^5 + क^4 - 2क^3 + क^2 - क + 1$ का म. स. ज्ञात करो।

हल—उच्चतम घात के पद का लोपन करें

$$
\begin{array}{l}
क^6 - 1 \\
+ क^6 - क^5 + क^4 - 2क^3 + क^2 - क + 1 \\
- \quad + \quad - \quad + \quad - \quad + \quad - \\
\hline
क^5 - क^4 + 2क^3 - क^2 + क - 2
\end{array}
$$

लघुतम घात के पद का लोपन करें

$$
\begin{array}{l}
क^6 - 1 \\
+ क^6 - क^5 + क^4 - 2क^3 + क^2 - क + 1 \\
\hline
क)\; 2क^6 - क^5 + क^4 - 2क^3 + क^2 - क \\
\hline
2क^5 - क^4 + क^3 - 2क^2 + क - 1
\end{array}
$$

अब $क^5 - क^4 + 2क^3 - क^2 + क - 2$ तथा $2क^5 - क^4 + क^3 - 2क^2 + क - 1$ के म. स. के लिए—

उच्चतम घात के पद का लोपन करें

$$
\begin{array}{l}
2क^5 - 2क^4 + 4क^3 - 2क^2 + 2क - 4 \\
+ 2क^5 - क^4 + क^3 - 2क^2 + क - 1 \\
- \quad + \quad - \quad + \quad - \quad + \\
\hline
-1)\; - क^4 + 3क^3 + क - 3 \\
\hline
क^4 - 3क^3 - क + 3
\end{array}
$$

लघुतम घात के पद का लोपन करें

क^{5} − क^{4} + 2 क^{3} − क^{2} + क − 2

+ 4 क^{5} − 2 क^{4} + 2 क^{3} − 4 क^{2} + 2 क − 2

− + − + − +

− क) − 3 क^{5} + क^{4} + 3 क^{2} − क

3 क^{4} − क^{3} − 3 क + 1

अब क^{4} − 3 क^{3} − क + 3 तथा 3 क^{4} − क^{3} − 3 क + 1 के म.स. के लिए—

उच्चतम घात के पद का लोपन करें

3 क^{4} − 9 क^{3} − 3 क + 9

+ 3 क^{4} − क^{3} − 3 क + 1

− + + −

− 8) − 8 क^{3} + 8

क^{3} − 1

लघुतम घात के पद का लोपन करें

क^{4} − 3 क^{3} − क + 3

+ 9 क^{4} − 3 क^{3} − 9 क + 3

− + + −

− 8क) − 8 क^{4} + 8 क

क^{3} − 1

अत: म. स. = क^{3} − 1

अभ्यास प्रश्न—

(1) क^{3} − 3 क^{2} − 4 क + 12 तथा क^{3} − 7 क^{2} + 16 क − 12 का म.स. ज्ञात करो।

(2) 4 क^{3} + 13 क^{2} + 19 क + 4 तथा 2 क^{3} + 5 क^{2} + 5 क −4 का म. स. निकालो।

(3) बीजगणितीय व्यंजक क^{4} + क^{3} − 5 क^{2} − 3 क + 2 तथा क^{4} − 3 क^{3} + क^{2} + 3 क − 2 का महत्तम समापवर्तक बताओ।

(4) 2 क^{3} + क^{2} − 9 तथा क^{4} + 2 क^{2} + 9 का म. स. निकालो।

(5) 6 क^{4} − 11 क^{3} + 16 क^{2} − 22 क + 8 और 6 क^{4} − 11 क^{3} − 8 क^{2} + 22 क − 8 का महत्तम समापवर्तक निकालो।

❑

अध्याय 6

सरल समीकरणों के हल
(प्राथमिक सिद्धांत)

साधारण समीकरणों को हल करते समय छात्र सामान्यतः समस्यागत उपसूत्रों का उपयोग सूत्रों की तरह सीधे न करके उन्हें प्रारंभ से ही पूरा हल करते हैं। वैदिक गणित में विभिन्न प्रकार के समीकरणों को हल करने के लिए वैदिक उपसूत्र हमें कुछ प्राथमिक सिद्धांत प्रदान करते हैं। वैदिक विधि हमें ये उपसूत्र सूक्ष्म में देकर मात्र उस सूत्र के अनुप्रयोग द्वारा संगणन योग्य बनाती है। इन सभी के पीछे मूल सिद्धांत है—'परावर्त्य योजयेत्', जिसका अर्थ है 'पक्षांतरण तथा समायोजन'। इसके अनुप्रयोग अनेक एवं अत्यंत उपयोगी हैं। यहाँ पक्षांतरण से संबंधित कुछ विशिष्ट प्रकार के समीकरण दे रहे हैं।

I. प्रथम प्रकार

पक्षांतरण से संबंधित सबसे सरल प्रकार के प्रश्न क य + ख = ग य + घ प्रकार के हैं।

यहाँ य के पदों को एक पक्ष में तथा निरपेक्ष पदों को दूसरे पक्ष में ले जाते हैं, अतः 'परावर्त्य योजयेत्' सूत्र से इनके चिह्न बदल दिए जाएँगे।

'परावर्त्य' सूत्र से—

क य – ग य = घ – ख अर्थात् (क – ग) य = घ – ख

पुनः 'परावर्त्य' सूत्र से $\quad \text{य} = \dfrac{\text{घ} - \text{ख}}{\text{क} - \text{ग}}$

पक्षांतरण की यह क्रिया मन ही मन की जाती है तथा अभ्यास के द्वारा

इतनी कुशलता प्राप्त हो जाती है, कि उपर्युक्त सूत्र आत्मसात हो जाता है। इस प्रकार यदि समीकरण 4 क + 3 = 2 क + 9 दिया है, तब सीधे ही मन ही मन गणना करके बताया जा सकता है, कि

$$\text{क} = \frac{9 - 3}{4 - 2} = 3$$

II. द्वितीय प्रकार

दूसरे प्रकार के पक्षांतरण से संबंधित सरल समीकरणों में दोनों पक्षों में दो द्विपद गुणनखंडों से बने व्यंजक हैं।

(य + प) . (य + फ) = (य + ब) . (य + भ)

इसको सरल करने हेतु सामान्यतः पहले ऊर्ध्वतिर्यऽभ्याम् विधि से गुणन क्रिया की जाती है, फिर पक्षांतरण।

य^2 + य प + य फ + प फ = य^2 + य ब + य भ + ब भ

अर्थात् य (प + फ) + प फ = य (ब + भ) + ब भ

परावर्त्य नियम से—

य (प + फ) - य (ब + भ) = ब भ - प फ

अर्थात् य {(प + फ) - (ब + भ)} = ब भ - प फ

पुनः परावर्त्य नियम से—

$$\text{य} = \frac{\text{ब भ} - \text{प फ}}{(\text{प} + \text{फ}) - (\text{ब} + \text{भ})}$$

$$= - \frac{(\text{प फ} - \text{ब भ})}{(\text{प फ}) - (\text{ब} + \text{भ})}$$

अभ्यास के द्वारा विद्यार्थी सारी क्रिया को आत्मसात कर सीधे उत्तर बोल सकते हैं।

यथा (य + 2) (य + 3) = (य + 4) (य + 5) को सीधे ही मौखिक हल कर कहा जा सकता है कि,

$$\text{य} = - \frac{2 \times 3 - 4 \times 5}{(2 + 3) - (4 + 5)}$$

$$= - \frac{7}{2}$$

कुछ अन्य उदाहरण इस प्रकार है—

(i) (य + 1) (य + 3) = (य + 2) (य − 2)

$$\Rightarrow य = -\frac{1\times3 - 2\times(-2)}{1 + 3 - 2 + 2} = -\frac{7}{4}$$

(ii) (य − 3) (य + 2) = (य − 1) (य + 1)

$$\Rightarrow य = -\frac{(-3)\times2 - (-1)\times1}{-3 + 2 + 1 - 1} = -5$$

(iii) (य + 7) (य + 2) = (य + 3) (य + 4)

$$\Rightarrow य = -\frac{7\times2 - 3\times4}{7 + 2 - 3 - 4} = -1$$

(iv) (य + 5) (य + 1) = (य + 3) (य + 2)

$$\Rightarrow य = -\frac{5\times1 - 3\times2}{5 + 1 - 3 - 2} = 1$$

(v) (य − 1) (य + 6) = (य + 1) (य − 3)

$$\Rightarrow य = -\frac{(-1)\times6 - 1\times(-3)}{-1 + 6 - 1 - 3} = \frac{3}{7}$$

III. तृतीय प्रकार

तीसरे प्रकार को हम सामान्य रूप में इस तरह लिख सकते हैं—

$$\frac{य\,क + ख}{य\,ग + घ} = \frac{प}{फ}$$

अर्थात् फ (य क + ख) = प (य ग + घ)

परावर्त्य सूत्र के अनुप्रयोग से—

फ क य − प ग य = प घ − फ ख

अर्थात् य (फ क − प ग) = प घ − फ ख

पुनः परावर्त्य सूत्र लगाने पर

$$य = \frac{प\,घ - फ\,ख}{फ\,क - य\,ग}$$

विद्यार्थी अभ्यास से इस सूत्र को आत्मसात कर सकते हैं और इसका उपयोग मन ही मन एक संक्रिया के रूप में कर सकते हैं।

कुछ उदाहरण इस प्रकार है—

(i) $\frac{2\text{य} + 3}{3\text{य} + 4} = \frac{1}{3} \Rightarrow \frac{4\times1 - 3\times3}{2\times3 - 3\times1} = -\frac{5}{3}$

(ii) $\frac{3\text{य} + 1}{2\text{य} + 7} = \frac{2}{3} \Rightarrow \frac{7\times2 - 1\times3}{3\times3 - 2\times2} = \frac{11}{5}$

(iii) $\frac{5\text{य} - 1}{3\text{य} + 2} = \frac{7}{2} \Rightarrow \frac{2\times7 + 1\times2}{5\times2 - 3\times7} = -\frac{16}{11}$

(iv) $\frac{2\text{य} + 5}{3\text{य} - 4} = \frac{3}{2} \Rightarrow \frac{-4\times3 - 5\times2}{2\times2 - 3\times3} = \frac{22}{5}$

IV. चतुर्थ प्रकार

चौथे प्रकार के पक्षांतरण द्वारा सरल किए जानेवाले समीकरण का स्वरूप है—

$$\frac{\text{प}}{\text{य क} + \text{ख}} + \frac{\text{फ}}{\text{य ग} + \text{घ}} = 0$$

अर्थात् $\frac{\text{प}}{\text{य क} + \text{ख}} = -\frac{\text{फ}}{\text{य ग} + \text{घ}}$

अर्थात् $\frac{\text{य क} + \text{ख}}{\text{य ग} + \text{घ}} = -\frac{\text{प}}{\text{फ}}$

अर्थात् $\text{य} = \frac{-(\text{प घ} + \text{फ ख})}{\text{फ क} + \text{प ग}}$

इसे किसी भी विद्यार्थी के लिए आत्मसात् करना सरल है तथा वह इसका व्यावहारिक अनुप्रयोग आसानी से कर सकता है।

यथोचित अभ्यास द्वारा इस प्रक्रिया का अनुप्रयोग बहुसंख्यक पदोंवाले समीकरणों पर भी किया जा सकता है। यथा—

$$\frac{\text{प}}{\text{य क} + \text{ख}} + \frac{\text{फ}}{\text{य ग} + \text{घ}} + \frac{\text{ब}}{\text{य ट} + \text{ठ}} = 0$$

अतः $\text{प (य ग + घ) (य ट + ठ) + फ (य क + ख) (य ट + ठ) +}$
$\text{ब (य क + ख) (य ग + घ)} = 0$

अतः $\text{य}^2 \text{(प ग ट + फ क ट + ब क ग) + य (प ग ठ + प ट घ + फ क ठ + फ ख ट + ब क घ + ब ख ग) + प घ ठ + फ ख ठ + ब ख घ} = 0$

यदि $\frac{\text{प}}{\text{क}} + \frac{\text{फ}}{\text{ग}} + \frac{\text{ब}}{\text{ट}} = 0$ तो

$$\text{य} = -\frac{\text{प घ ठ + फ ख ठ + ब ख घ}}{\text{प (ग ठ + ट घ) + फ (क ठ + ख ट) + ब (क घ + ख ग)}}$$

उपस्थिति (i) : यदि प = फ = ब = 1 तो $\frac{1}{\text{क}} + \frac{1}{\text{ग}} + \frac{1}{\text{ट}} = 0$

$$\text{अतः य} = -\frac{\text{घ ठ + ख ठ + ख घ}}{\text{क (घ + ठ) + ग (ख + ठ) + ट (ख + घ)}}$$

अर्थात् यदि $\frac{1}{\text{क}} + \frac{1}{\text{ग}} + \frac{1}{\text{ट}} = 0$ तो समीकरण

$$\frac{1}{\text{य क} + \text{ख}} + \frac{1}{\text{य ग} + \text{घ}} + \frac{1}{\text{य ट} + \text{ठ}} = 0$$ का हल

$$\text{य} = -\frac{\text{घ ठ + ख ठ + ख घ}}{\text{क (घ + ठ) + ग (ख + ठ) + ट (ख + घ)}}$$

उपस्थिति (ii) : यदि क = ग = ट = 1 तो प + फ + ब = 0

$$\text{अतः य} = -\frac{\text{प घ ठ + फ ख ठ + ब ख घ}}{\text{प (घ + ठ) + फ (ख + ठ) + ब (ख + घ)}}$$

अर्थात् यदि प + फ + ब = 0 तो समीकरण

$$\frac{प}{य + ख} + \frac{फ}{य + घ} + \frac{ब}{य + ठ} = 0 \text{ का हल}$$

$$य = -\frac{प\,घ\,ठ + फ\,ख\,ठ + ब\,ख\,घ}{प\,(घ + ठ) + फ\,(ख + ठ) + ब\,(ख + घ)}$$

उदाहरण (1) :

समीकरण $\frac{2}{2य + 3} + \frac{1}{3य + 4} - \frac{4}{3य + 5} = 0$ को हल करो।

हल— यहाँ $\frac{2}{2} + \frac{1}{3} - \frac{4}{3} = 0$

$$\text{अतः } य = -\frac{2\times4\times5 + 1\times3\times5 + (-4)\times3\times4}{2(3\times4 + 3\times5) + 1\,(2\times5 + 3\times3) + (-4)\,(2\times4 + 3\times3)}$$

$$= -\frac{7}{5}$$

उदाहरण (2) :

समीकरण $\frac{1}{-2य + 3} + \frac{1}{3य + 1} + \frac{1}{6य + 5} = 0$ को हल करो।

हल— यहाँ $-\frac{1}{2} + \frac{1}{3} + \frac{1}{6} = 0$

अतः यह एक घातीय समीकरण है।

इसका हल—

$$य = -\frac{1\times5 + 3\times5 + 3\times1}{(3\times5 + 6\times1) + (-2\times5 + 6\times3) + (-2\times1 + 3\times3)}$$

$$= -\frac{23}{36}$$

उदाहरण (3) :

समीकरण $\frac{2}{य + 4} + \frac{3}{य + 3} - \frac{5}{य + 2} = 0$ को हल करो।

हल—यहाँ 2 + 3 − 5 = 0, अतः यह एक घातीय समीकरण है तथा इसका हल—

$$य = -\frac{2\times3\times2 + 3\times4\times2 + (-5)\times4\times3}{2\times(3+2) + 3\times(4+2) - 5\times(4+3)}$$

$$= -\frac{24}{7}$$

❑

अध्याय 7

सरल समीकरणों के हल
(शून्यम् इत्यादि सूत्रों के द्वारा)

इस अध्याय में हम उन विशिष्ट प्रकार के सरल समीकरणों की व्याख्या करेंगे जिनके हल सूत्र 'शून्यं साम्य समुच्चये' के अनुप्रयोग से मात्र अवलोकन से एक ही पंक्ति में कर सकते हैं। सूत्र का अर्थ है : 'जब समुच्चय एक समान हैं, तब उन समुच्चयों का मान शून्य होता है।'

समुच्चय एक तकनीकी पद है, जिसके विभिन्न संदर्भों में भिन्न-भिन्न अर्थ निकलते हैं। यहाँ हम उनकी क्रमशः व्याख्या करेंगे।

I. प्रथम अर्थ

समुच्चय से हमारा प्रथम अभिप्राय उस पद से है, जो सभी पदों में सार्व गुणनखंड के रूप में है। यथा—

12 य + 5 य = 4 य + 5 य

अतः 17 य = 9 य

अर्थात् 17 य − 9 य = 0 (परावर्त्य सूत्र से)

अर्थात् 8 य = 0

अर्थात् य = 0

वास्तव में यहाँ व्यर्थ में ही चार पैड़ियाँ लिखी गई हैं। मात्र इस निष्कर्ष से कि य सार्व गुणनखंड के रूप में उभय पक्षों के सभी पदों में है। अतः य = 0। यह आशय न केवल 'य' अथवा अन्य ऐसी किसी अज्ञात राशि के लिए प्रयुक्तनीय है, वरन् किसी भी व्यंजक के लिए भी है। यथा—

$$8\ (य + 2) = (य + 2)$$

यहाँ य + 2 दोनों पक्षों के सभी पदों में सार्व गुणनखंड के रूप में उपस्थित है।

अतः $य + 2 = 0$

अर्थात् $य = -2$

II. द्वितीय अर्थ

'समुच्चय' का दूसरा अर्थ 'स्वतंत्र पदों का गुणनफल' है।

यथा $(प\ य + क)(फ\ य + ख) = (ब\ य + ग)\left(\frac{प\ फ}{ब}\ य + \frac{क\ ख}{ग}\right)$

यहाँ दोनों पक्षों में (i) गुणनखंडों के स्वतंत्र पदों का गुणनफल समान (अर्थात् क ख) है।

(ii) गुणनखंडों के एक घातीय पदों का गुणनफल समान है।

अतः यह एक घातीय समीकरण है तथा य = 0 समीकरण के दोनों पक्षों को गुणा करके सरल करने पर

$$प\ फ\ य^2 + (क\ फ + ख\ प)\ य + क\ ख$$

$$= प\ फ\ य^2 + \left(\frac{ग\ प\ फ}{ब} + \frac{क\ ख\ ब}{ग}\right) य + क\ ख$$

अर्थात् $(क\ फ + ख\ प)\ य = \left(\frac{ग^2\ प\ फ + क\ ख\ ब^2}{ब\ ग}\right) य$

अर्थात् $य = 0$

उदाहरण के लिए (3य + 2) (4य + 3) = (12य + 1) (य + 6) का हल य = 0 क्योंकि 3 × 4 = 12 × 1 तथा 2 × 3 = 1 × 6

III. तृतीय अर्थ

समुच्चय का तीसरा अर्थ है—'समान अंशवाले दो भिन्नों के हरों का योग'।

अतः $\frac{1}{(क\ य + ख)} + \frac{1}{(ग\ य + घ)} = 0$ के प्रकरण में

$$(क\ य + ख) + (ग\ य + घ) = 0$$

अर्थात् $य = -\frac{ख + घ}{क + ग}$

उदाहरण के लिए $\frac{1}{2 \text{ य} - 5} + \frac{1}{\text{य} - 3} = 0$

तो $2 \text{ य} - 5 + \text{य} - 3 = 0$

अर्थात् $\text{य} = \frac{8}{3}$

IV. चतुर्थ अर्थ

समुच्चय का चौथा अर्थ है—'कुल योग'। इस अर्थ में इसका विभिन्न संदर्भों में अनुप्रयोग होता है।

(i) समीकरण $\frac{\text{म क य} + (\text{म ग} - \text{घ})}{\text{न क य} + (\text{ग न} - \text{फ})} = \frac{\text{म ख य} + \text{घ}}{\text{न ख य} + \text{फ}}$

में अंशों का योग तथा हरों का योग समरूप है, अर्थात् दोनों योगों में बहुपदीय गुणक समान हैं। इस स्थिति में इस योग का मान शून्य होता है।

उदाहरण :

$\frac{2 \text{ य} + 3}{4 \text{ य} + 5} = \frac{\text{य} + 3}{2 \text{ य} + 7}$ में अंशों का योग $3 \text{ य} + 6$ तथा हरों का योग $6 \text{ य} + 12$ समरूप हैं।

अतः $3 \text{ य} + 6 = 0$ अर्थात $\text{य} = -2$

(ii) यदि एक पक्ष के हर तथा अंश का योग दूसरे पक्ष में हर तथा अंश के योग के समरूप हो तो उस योग का मान शून्य होता है।

$$\frac{\text{म क य} + (\text{म ग} - \text{घ})}{\text{म ख य} + \text{घ}} = \frac{\text{न क य} + (\text{न ग} - \text{फ})}{\text{न ख य} + \text{फ}}$$

के प्रत्येक पक्ष के हर तथा अंश का योग समरूप है। अतः योग शून्य होगा।

अर्थात् $\text{म} [(\text{क} + \text{ख}) \text{ य} + \text{ग}] = 0$

अर्थात् $\text{य} = \frac{-\text{ग}}{\text{क} + \text{ख}}$

उदाहरण :

$$\frac{2 \text{ य} + 3}{\text{य} + 8} = \frac{4 \text{ य} + 7}{2 \text{ य} + 15}$$

यहाँ दोनों पक्षों में हर तथा अंश का योग समरूप है।

अत: 3 य + 11 = 0

अर्थात् $य = -\dfrac{11}{3}$

(iii) यदि समीकरण के एक पक्ष के अंश तथा हर के एक घातीय पद दूसरे पक्ष के अंश तथा हर के एक घातीय पद के आनुरूप्य हैं; यथा—

$$\frac{क\ य + प}{ख\ य + फ} = \frac{क\ म\ य + ब}{ख\ म\ य + भ}$$

तब एक पक्ष की बीजगणितीय भिन्न के अंश तथा हर में राशि 'म' से गुणा करके प्रत्येक पक्ष के अंशों के एक घातीय पद तथा हरों के एक घातीय पद समान बनाए जा सकते हैं।

अब समीकरण में $-\left(\dfrac{\text{हरों के स्वतंत्र पदों का अंतर}}{\text{अंशों के स्वतंत्र पदों का अंतर}}\right)$ के बराबर राशि से गुणा करके दोनों पक्षों के हर तथा अंशों का योग समान हो जाता है। अब 'शून्यं साम्य समुच्चये' सूत्र लगाया जा सकता है तथा इस योग को शून्य के समान रखकर समीकरण का हल प्राप्त हो जाता है।

उदाहरण : $\dfrac{2\ य + 3}{3\ य + 5} = \dfrac{4\ य + 5}{6\ य + 9}$ को हल करो।

हल—वामपक्ष के हर तथा अंश में 2 का गुणा करने पर दोनों पक्षों में अंश, अंश के तथा हर, हर के एक घातीय पद समान हो जाते हैं।

$$\frac{4\ य + 6}{6\ य + 10} = \frac{4\ य + 5}{6\ य + 9}$$

दोनों पक्षों को $-\left(\dfrac{10 - 9}{6 - 5}\right)$ अर्थात् − 1 से गुणा करके हर तथा अंश को जोड़ने पर दोनों पक्षों के लिए योग समान (2 य + 4) प्राप्त होता है। अत: शून्यं साम्य समुच्चये सूत्र से 2 य + 4 = 0 अर्थात् य = −2

(iv) समीकरण के अंशों के एक घातीय पद, हरों के एक घातीय पदों के आनुरूप्य हैं। यथा—

$$\frac{क\ य + प}{क\ म\ य + ब} = \frac{ख\ य + फ}{ख\ म\ य + भ}$$

तब समीकरण को राशि म से गुणा करके प्रत्येक पक्ष के अंशों तथा हरों के एक घातीय पदों को समान बना सकते हैं।

$$\frac{\text{क म य + प म}}{\text{क म य + ब}} = \frac{\text{ख म य + फ म}}{\text{ख म य + भ}}$$

अब वामपक्ष के अंश तथा हर को समान राशि

$$-\frac{\text{दक्षिण पक्ष के अंश तथा हर के स्वतंत्र पदों का अंतर}}{\text{वामपक्ष के अंश तथा हर के स्वतंत्र पदों का अंतर}} \text{ से}$$

गुणा करके दोनों पक्षों के अंशों के योग तथा हरों के योग को समान बना सकते हैं, जिसको शून्य के बराबर रखकर सूत्र 'शून्यं साम्य समुच्चये' द्वारा समीकरण का हल प्राप्त कर लेते हैं।

उदाहरण : $\frac{2 \text{ य} + 3}{4 \text{ य} + 5} = \frac{3 \text{ य} + 5}{6 \text{ य} + 9}$ को हल करो।

हल— समीकरण को 2 से गुणा करने पर

$$\frac{4 \text{ य} + 6}{4 \text{ य} + 5} = \frac{6 \text{ य} + 10}{6 \text{ य} + 9}$$

समीकरण के वामपक्ष के हर तथा अंश को $-\frac{10 - 9}{6 - 5}$ अर्थात -1 से गुणा करने पर अंशों का योग तथा हरों का योग समान एवं 2 य + 4 के बराबर प्राप्त होता है, जिसे 'शून्य साम्य समुच्चये' सूत्र का प्रयोग कर शून्य के बराबर रखकर य = − 2 प्राप्त करते हैं।

(v) समुच्चय का 'कुल योग' के अर्थ में पाँचवाँ अनुप्रयोग द्विघाती समीकरण $\frac{(\text{क} - \text{ख}) \text{ य} + (\text{ग} - \text{घ})}{(\text{क} - \text{प}) \text{ य} + (\text{ग} - \text{फ})} = \frac{\text{ख य} + \text{घ}}{\text{प य} + \text{फ}}$ पर है।

यहाँ दोनों पक्षों के अंशों को जोड़ने पर योग क य + ग आता है। यदि हरों को जोड़ते हैं, तब भी वही योग क य + ग आता है। अतः समीकरण का एक हल इस योग क य + ग को शून्य के बराबर रखने पर $-\frac{\text{ग}}{\text{क}}$ प्राप्त होगा। दूसरा मूल प्राप्त करने हेतु हम देखते हैं कि वामपक्ष के अंश तथा हर का अंतर (प − ख) य + (फ − घ) प्राप्त होता है तथा दक्षिण

पक्ष के अंश तथा हर का अंतर –[(प – ख) य + (फ – घ)] प्राप्त होता है। चूँकि बीजगणितीय समुच्चय में घटाना भी शामिल रहता है। अतः सूत्र 'शून्यं साम्य समुच्चये' प्रत्येक पक्ष के अंश और हर के अंतर के लिए भी ग्रहण किया जाएगा। यहाँ ये दोनों अंतर समरूप हैं। अतः दूसरा मूल इस अंतर को शून्य के बराबर रखने पर प्राप्त होगा। जिसका कि मान $-\frac{फ - घ}{प - ख}$ है।

अतः दिए गए द्विघात समीकरण के मूल $-\frac{ग}{क}$ तथा $-\frac{फ - घ}{प - ख}$ हैं।

उदाहरण :

$$\frac{3य + 5}{6य + 8} = \frac{5य + 6}{2य + 3} \text{ को हल करो।}$$

हल—यहाँ $अंश_1 + अंश_2 = हर_1 + हर_2 = 8य + 11$

अतः प्रथम हल $8य + 11 = 0$ से $य = -\frac{11}{8}$

पुनः $अंश_1 - हर_1 = -(3य + 3)$

$अंश_2 - हर_2 = 3य + 3$

अतः $(अंश_1 - हर_1) = -(अंश_2 - हर_2)$

इसलिए समीकरण का द्वितीय हल $3य + 3 = 0$ से $य = -1$

उत्तर $= -\frac{11}{8}, -1$

(vi) समुच्चय का 'कुल योग' के अर्थ में छठवाँ अनुप्रयोग कुछ विशिष्ट प्रकार के कठिनतर समीकरणों के हल करने में हमारे लिए सहायक है।

समीकरण $\frac{1}{य + क} + \frac{1}{य + ख} = \frac{1}{य + क + ग} + \frac{1}{य + ख - ग}$

के दोनों ओर के आंशिक भिन्नों के हरों का योग $2य + क + ख$ है। यहाँ पर 'शून्यं साम्य समुच्चये' के अनुप्रयोग से $2य + क + ख = 0$ अर्थात्

$य = -\frac{क + ख}{2}$

समीकरण को साधारण तरीके से हल करने में काफी समय तथा श्रम लगेगा। सूत्र हमारे श्रम तथा समय की बचत करता है।

उदाहरण : $\frac{1}{य + 2} + \frac{1}{य + 3} = \frac{1}{य - 3} + \frac{1}{य + 8}$ को हल करो।

हल— प्रत्येक पक्ष के आंशिक भिन्नों के हरों का योग 2य + 5 है। अतः अभीष्ट हल 2य + 5 = 0 अर्थात $य = -\frac{5}{2}$ होगा।

V. छद्मवेष समीकरणों के हल

उपर्युक्त प्रकार के समीकरण स्पष्ट दिखाई दे जाते हैं कि वे किस प्रकार के अनुप्रयोग के अंतर्गत आते हैं। कुछ समीकरण ऐसे भी हैं जो वास्तव में इन्हीं अनुप्रयोगों के अंतर्गत आते हैं, परंतु स्पष्ट दिखाई नहीं देते, क्योंकि वे छद्मवेष में होते हैं। हमारे पास ऐसी युक्तियाँ हैं, जो इन छद्मवेषधारी समीकरणों को अनावृत कर परिचित समीकरणों में बदलकर 'शून्यं साम्य समुच्चये' के अनुप्रयोग योग्य बना देती हैं। इस प्रकार हम आसानी से उनका हल प्राप्त कर सकते हैं।

(i) सरल छद्मवेष समीकरण :

समीकरण $\frac{1}{य + क} - \frac{1}{य + क + ग} = \frac{1}{य + ख - ग} - \frac{1}{य + ख}$

में ऋणात्मक पदों के पक्षांतरण से हमारा परिचित समीकरण

$$\frac{1}{य + क} + \frac{1}{य + ख} = \frac{1}{य + क + ग} + \frac{1}{य + ख - ग}$$

प्राप्त होता है, जिसके प्रत्येक पक्ष के आंशिक भिन्न के हरों के लिए 'शून्यं साम्य समुच्चये' के प्रयोग से हल $य = -\frac{क + ख}{2}$ प्राप्त कर लेते हैं।

उदाहरण : समीकरण $\frac{1}{य + 3} - \frac{1}{य + 5} = \frac{1}{य + 6} - \frac{1}{य + 8}$ को हल करो।

हल— प्रत्येक पक्ष में आंशिक भिन्नों के ऋणात्मक पदों के पक्षांतरण से $\frac{1}{य + 3} + \frac{1}{य + 8} = \frac{1}{य + 5} + \frac{1}{य + 6}$ । प्रत्येक पक्ष के आंशिक भिन्नों के हरों का योग 2 य + 11 प्राप्त होता है, जिसे 'शून्यं साम्य समुच्चये'

सूत्र के प्रयोग से शून्य के बराबर रखने पर य $= -\frac{11}{2}$ प्राप्त होता है।

(ii) कठिन छद्मवेष समीकरण : उपर्युक्त सभी छद्मवेष समीकरण सरल थे तथा पक्षांतरण के द्वारा उनका भेद खुल जाता है; परंतु अब कुछ कठिन छद्मवेष समीकरणों की चर्चा करते हैं।

समीकरण $\frac{\text{य} - 3}{\text{य} - 4} + \frac{\text{य} - 5}{\text{य} - 6} = \frac{\text{य} - 2}{\text{य} - 3} + \frac{\text{य} - 6}{\text{य} - 7}$ को देखने पर ज्ञात होता है कि—

(अ) दोनों पक्षों में अंश तथा हर के एक घातीय पदों के अनुपातों का योग समान है।

$$\frac{\text{य}}{\text{य}} + \frac{\text{य}}{\text{य}} = \frac{\text{य}}{\text{य}} + \frac{\text{य}}{\text{य}} \qquad (\because 1 + 1 = 1 + 1)$$

(ब) परावर्त्य विधि लगाकर मन-ही-मन हम देखते हैं कि हर को परिवर्तित चिह्न के साथ अंश में ले जाने पर चारों पदों में एक ही संख्या प्राप्त होती है।

इन दोनों परीक्षणों से हमें विदित होता है कि अन्य दूसरे तत्त्व बराबर हैं, तथा $\text{हर}_1 + \text{हर}_2 = \text{हर}_3 + \text{हर}_4$। अतः यह प्रश्न 'शून्यं साम्य समुच्चये' के क्षेत्र में आता है।

अब समीकरण के दोनों पक्षों में भिन्नों के अंशों को उनके हरों से भाग देकर उचित भिन्नों में बदलने पर

$$1 + \frac{1}{\text{य} - 4} + 1 + \frac{1}{\text{य} - 6} = 1 + \frac{1}{\text{य} - 3} + 1 + \frac{1}{\text{य} - 7}$$

अर्थात् $\frac{1}{\text{य} - 4} + \frac{1}{\text{य} - 6} = \frac{1}{\text{य} - 3} + \frac{1}{\text{य} - 7}$।

स्पष्ट है कि यह समीकरण 'शून्यं साम्य समुच्चये' सूत्र के अनुप्रयोग से हल किया जा सकता है, क्योंकि दोनों पक्षों में हरों का योग 2य − 10 है। अतः 2 य − 10 को शून्य के बराबर रखने पर य = 5

उदाहरण (1) :

समीकरण $\frac{2य - 11}{य - 6} + \frac{3य - 8}{य - 3} = \frac{य - 3}{य - 4} + \frac{4य - 19}{य - 5}$ को हल करो।

हल— परीक्षण :

(अ) $\frac{2य}{य} + \frac{3य}{य} = \frac{य}{य} + \frac{4य}{य}$ $(\because 2 + 3 = 1 + 4)$

(ब) भाग, परावर्त्य आदि के बाद चारों अंश 1 हो जाते हैं तथा $हर_1 + हर_2 = हर_3 + हर_4 = 2य - 9$ अत: $2य - 9 = 0$ अर्थात्

$$य = \frac{9}{2}$$

उदाहरण (2) :

समीकरण $\frac{2य - 13}{य - 6} + \frac{3य - 10}{य - 3} = \frac{य - 5}{य - 4} + \frac{4य - 21}{य - 5}$ को हल करो।

हल—परीक्षण :

(क) $\frac{2य}{य} + \frac{3य}{य} = \frac{य}{य} + \frac{4य}{य}$ $(\because 2 + 3 = 1 + 4)$

(ख) भाग, परावर्त्य आदि के बाद चारों अंश 1 हो जाते हैं
$हर_1 + हर_2 = हर_3 + हर_4 = 2य - 9$

अत: $2य - 9 = 0$

अर्थात् $य = 9/2$

उदाहरण (3) :

समीकरण $\frac{2य - 5}{य - 2} - \frac{य - 2}{य - 1} = \frac{2य - 9}{य - 4} - \frac{य - 4}{य - 3}$ को हल करो।

हल—परीक्षण :

(क) $\frac{2य}{य} - \frac{य}{य} = \frac{2य}{य} - \frac{य}{य}$ $(\because 2 - 1 = 2 - 1)$

(ख) भाग, परावर्त्य आदि के बाद

$$\frac{1}{य - 1} + \frac{1}{य - 4} = \frac{1}{य - 3} + \frac{1}{य - 2}$$

तथा $हर_1 + हर_2 = हर_3 + हर_4 = 2य - 5$

अतः 'शून्यं साम्य समुच्चये' सूत्र के अनुप्रयोग से 2य − 5 = 0 अर्थात्

$$य = \frac{5}{2}$$

उदाहरण (4) :

$$\frac{क^2 + 3क + 3}{क + 1} + \frac{क^2 - 15}{क - 4} = \frac{क^2 + 6क + 9}{क + 4} + \frac{क^2 - 3क - 27}{क - 7}$$

को सरल कर क का मान ज्ञात करो।

हल—सीधे भाजन के द्वारा हम देखते हैं :

(अ) दोनों पक्षों में पूर्णांश (क + 2) + (क + 4) = (क + 2) + (क + 4)

(ब) भाग,परावर्त्य आदि के बाद सारे अंशों का मान 1 है तथा $हर_1 + हर_2 = हर_3 + हर_4 = 2क - 3$

अतः 'शून्यं साम्य समुच्चये' सूत्र द्वारा 2क − 3 = 0 अर्थात् $क = \frac{3}{2}$

(iii) कठिनतम छद्मवेष समीकरण : यहाँ कुछ उदाहरण दे रहे हैं, जो कठिनतम छद्मवेष समीकरणों में आते हैं, परंतु इनके रहस्य को जान लेने के बाद प्रश्न उसी प्रकार सरल हो जाते हैं तथा वैदिक सूत्र 'शून्यं साम्य समुच्चये' के अनुप्रयोग से हल किए जा सकते हैं।

उदाहरण (1) :

समीकरण $\frac{2}{2य + 5} + \frac{3}{3य + 2} = \frac{1}{य + 2} + \frac{6}{6य + 7}$ को हल करो।

हल—सामान्यतः देखने पर यह प्रतीत होता है कि समीकरण उनमें से किसी प्रकार का नहीं है, जिनका अब तक हमने अध्ययन किया। साथ ही हम यह देखते हैं कि समीकरण के हरों में य की गुणन-संख्या समान नहीं है, जो कि क्रमशः 2, 3, 1 तथा 6 हैं। य की गुणन-संख्या प्रत्येक हर में इनके ल. स. 6 के समान बनाने पर—

$$\frac{6}{6य + 15} + \frac{6}{6य + 4} = \frac{6}{6य + 12} + \frac{6}{6य + 7}$$

6 से भाग देने पर हमें समीकरण का परिचित स्वरूप दिखाई देता है, जिसमें प्रत्येक पक्ष के सभी अंश 1 तथा हरों का योग समान अर्थात् 12य + 19 है। 'शून्यं साम्य समुच्चये' के अनुप्रयोग से 12य + 19 = 0 अर्थात् $य = -\frac{19}{12}$

उदाहरण (2) :

समीकरण $\frac{2क + 1}{2क - 1} + \frac{क + 4}{क + 5} = \frac{2क - 3}{2क - 5} + \frac{क + 2}{क + 3}$ को हल कर क का मान ज्ञात करो।

हल—यहाँ पर $\frac{2क}{2क} + \frac{क}{क} = \frac{2क}{2क} + \frac{क}{क}$ $(\because 1 + 1 = 1 + 1)$

अतः सीधे भाजन द्वारा—

$$\frac{2}{2क - 1} - \frac{1}{क + 5} = \frac{2}{2क - 5} - \frac{1}{क + 3}$$

प्रत्येक हर में क की गुणन-संख्या समान अर्थात् 2 करने पर—

$$\frac{2}{2क-1} - \frac{2}{2क + 10} = \frac{2}{2क - 5} - \frac{2}{2क + 6}$$

ऋणात्मक पदों के पक्षांतरण तथा समीकरण को 2 से भाग देने पर—

$$\frac{1}{2क-1} + \frac{1}{2क + 6} = \frac{1}{2क - 5} + \frac{1}{2क + 10}$$

यह हमें समीकरण का परिचित स्वरूप दिखाई दे रहा है, जिसमें प्रत्येक पक्ष के सभी अंश 1 तथा हरों का योग समान अर्थात् 4 क + 5 है। 'शून्यं साम्य समुच्चये' के अनुप्रयोग से 4 क + 5 = 0 अर्थात् $क = -\frac{5}{4}$

VI. 'शून्यं साम्य समुच्चये' सूत्र के अन्य अनुप्रयोग :

(i) घन सदृश दिखनेवाले विशिष्ट प्रकार के समीकरणों को हल करने में—

समीकरण $(य - क)^3 + (य - ख)^3 = (य - क - प)^3 + (य - ख + प)^3$

देखने में तीन घातवाला लगता है, परंतु वास्तव में यह समीकरण सरल समीकरण है। इस पर सूत्र 'शून्यं साम्य समुच्चये' का प्रयोग किया जा सकता है। समीकरण को सामान्य विधि से हल करने पर—

$$(\text{य} - \text{क})^3 + (\text{य} - \text{ख})^3 = (\text{य} - \text{क})^3 - 3\,\text{प}\,(\text{य} - \text{क})^2 + 3\text{प}^2(\text{य} - \text{क}) - \text{प}^3 + (\text{य} - \text{ख})^3 + 3\text{प}\,(\text{य} - \text{ख})^2 + 3\text{प}^2(\text{य} - \text{ख}) + \text{प}^3$$

अर्थात् $(\text{य} - \text{क})^2 - (\text{य} - \text{ख})^2 - \text{प}\,(2\text{य} - \text{क} - \text{ख}) = 0$

अर्थात् $(2\text{य} - \text{क} - \text{ख})\,(\text{ख} - \text{क}) - \text{प}\,(2\text{य} - \text{क} - \text{ख}) = 0$

अर्थात् $(2\text{य} - \text{क} - \text{ख})\,(\text{ख} - \text{क} - \text{प}) = 0$

अर्थात् $2\text{य} - \text{क} - \text{ख} = 0$

अर्थात् $\text{य} = \dfrac{\text{क} + \text{ख}}{2}$

समीकरण के प्रत्येक पक्ष के पदों का योग $2\text{य} - \text{क} - \text{ख}$ के समान है, अतः 'शून्यं साम्य समुच्चये' सूत्र के अनुप्रयोग से समीकरण का हल $2\text{य} - \text{क} - \text{ख} = 0$ से प्राप्त होगा, जो कि $\text{य} = \dfrac{\text{क} + \text{ख}}{2}$ ही है।

उपर्युक्त समीकरण में $\text{प} = \dfrac{\text{ख} - \text{क}}{2}$ रखने पर समीकरण की विशिष्ट स्थिति $(\text{य} - \text{क})^3 + (\text{य} - \text{ख})^3 = 2\left(\text{य} - \dfrac{\text{क} + \text{ख}}{2}\right)^3$ प्राप्त होती है, जिसका हल सूत्र 'शून्यं साम्य समुच्चये' के अनुप्रयोग से $\text{य} = \dfrac{\text{क} + \text{ख}}{2}$ होगा।

इस प्रकार के प्रत्येक प्रश्न को प्रचलित विधि के द्वारा हल करने में विस्तार, गुणन, जोड़, पक्षांतरण एवं गुणनखंड करने में बहुत अधिक समय तथा शक्ति लगती है; जबकि वैदिक सूत्र के मात्र दृष्टिपात से हमें उत्तर ज्ञात हो जाता है।

यहाँ इस प्रकार के समीकरणों से संबंधित कुछ प्रश्न दे रहे हैं।

उदाहरण (1) : $(\text{य} - 2)^3 + (\text{य} - 3)^3 = (\text{य} - 6)^3 + (\text{य} + 1)^3$ को हल करो।

हल—सूत्र 'शून्यं साम्य समुच्चये' के अनुप्रयोग से प्रत्येक पक्ष के द्विपदों

का योग 2य–5 होने के कारण समीकरण का हल 2य – 5 = 0 अर्थात् य = $\frac{5}{2}$ होगा।

उदाहरण (2) : (य – 97)^3 + (य – 3)^3 = (य – 49)^3 + (य – 51)^3 को हल करो।

हल—सूत्र 'शून्यं साम्य समुच्चये' के अनुप्रयोग से प्रत्येक पक्ष के द्विपदों का योग 2य – 100 होने के कारण दिए गए समीकरण का हल 2य – 100 = 0 अर्थात् य = 50

उदाहरण (3) : (य – 45)^3 + (य – 5)^3 = 2(य – 25)^3 को हल करो।

हल— प्रत्येक पक्ष के द्विपदों का योग समान है (य–45) + (य–5) = 2(य – 25) अतः सूत्र 'शून्यं साम्य समुच्चये' के अनुप्रयोग से समीकरण का हल 2(य – 25) = 0 अर्थात् य = 25

(ii) चतुर्थ घाती सदृश दिखनेवाले विशिष्ट प्रकार के समीकरणों के हल में—

(क) प्रथम प्रकार— समीकरण $\left(\frac{\text{य} + 2\text{भ}}{\text{य} + \text{भ}}\right)^3 = \left(\frac{\text{य} + 3\text{भ}}{\text{य}}\right)$ देखने में चार घात का समीकरण लगता है, परंतु वास्तव में यह एक घात का समीकरण है।

घन एवं तिर्यक गुणन के उपरांत उपर्युक्त समीकरण निम्न रूप प्राप्त करता है:

$$\text{य}^4 + 6\text{य}^3\text{भ} + 12\text{य}^2\text{भ}^2 + 8\text{य भ}^3 = \text{य}^4 + 3\text{य}^3\text{भ} + 3\text{य}^2\text{भ}^2 + \text{भ}^3\text{य} + 3\text{य}^2\text{भ} + 9\text{य}^2\text{भ}^2 + 9\text{य भ}^3 + 3\text{भ}^4$$

अर्थात् 2य भ^3 + 3भ^4 = 0

अर्थात् य = – $\frac{3}{2}$ भ

इस प्रकार हम देखते हैं कि इस तरह के समीकरणों के हल के लिए 'शून्यं साम्य समुच्चये' सूत्र का अनुप्रयोग किया जा सकता है। समीकरण में उपर्युक्त अनुप्रयोग प्रयुक्त होगा, इसके लिए ध्यान रहे कि—

(अ) वामपक्ष की बीजगणितीय भिन्न का घन है, दक्षिण पक्ष की भिन्न का नहीं।

(ब) $हर_2$, $हर_1$, $अंश_1$, $अंश_2$ समांतर श्रेणी में हैं।

इस स्थिति में समीकरण के दोनों पक्षों के भिन्नों के हर तथा अंशों के योग के लिए 'शून्यं साम्य समुच्चये' सूत्र का प्रयोग कर समीकरण का हल ज्ञात करते हैं।

उदाहरण : समीकरण $\left(\frac{य + 6}{य + 4}\right)^3 = \frac{य + 8}{य + 2}$ को हल करो।

हल—यहाँ दोनों परीक्षण सही बैठते हैं तथा $अंश_1 + हर_1 = अंश_2 + हर_2$ = 2य + 10

अत: समीकरण का हल सूत्र 'शून्यं साम्य समुच्चये' के अनुप्रयोग से 2य + 10 = 0 अर्थात् य =–5

(ख) द्वितीय प्रकार—समीकरण (य + प) (य + फ) (य + ब) (य + भ) = (य + त – प) (य + त – फ) (य + त – ब) (य + त – भ)

जहाँ कि $त = \frac{प + फ + ब + भ}{2}$ तो यह समीकरण एक घातीय है, यद्यपि यह देखने में चार घातीय प्रतीत होता है। यहाँ वामपक्ष के गुणनखंडों का योग दक्षिण पक्ष के गुणनखंडों के समान (अर्थात् 4य + प + फ + ब + भ) है। 'शून्यं साम्य समुच्चये' सूत्र का प्रयोग यहाँ किया जा सकता है, जिससे 4य + प + फ + ब + भ = 0

$$अर्थात्\ य = -\frac{प + फ + ब + भ}{4}$$

सूत्र का औचित्य : हम (य + प) (य + फ) (य + ब) (य + भ) = (य + ट) (य + ठ) (य + ड) (य + ढ) पर समीकरण विचार करते हैं।

$$तो \quad \frac{(य + प)\ (य + फ)}{(य + ट)\ (य + ठ)} = \frac{(य + ड)\ (य + ढ)}{(य + ब)\ (य + भ)}$$

$$अर्थात् \quad \frac{य^2 + (प + फ)य + प\ फ}{य^2 + (ट + ठ)य + ट\ ठ} = \frac{य^2 + (ड + ढ)य + ड\ ढ}{य^2 + (ब + भ)य + बभ}$$

यदि प + फ = ट + ठ = म, ब + भ = ड + ढ = न तथा प फ + ब भ = ट ठ + ड ढ

तो $$\frac{\text{य}^2 + \text{म य} + \text{प फ}}{\text{य}^2 + \text{म य} + \text{ट ठ}} = \frac{\text{य}^2 + \text{न य} + \text{ड ढ}}{\text{य}^2 + \text{न य} + \text{ब भ}}$$

य^2 + म य = क तथा य^2 + न य = ख प्रतिस्थापित करने पर—

$$\frac{\text{क} + \text{प फ}}{\text{क} + \text{ट ठ}} = \frac{\text{ख} + \text{ड ढ}}{\text{ख} + \text{ब भ}}$$

अतः (क + प फ) (ख + ब भ) = (क + ट ठ) (ख + ड ढ)

अर्थात् क ख + ब भ क + प फ ख + प फ ब भ

= क ख + ड ढ क + ट ठ ख + ट ठ ड ढ

अर्थात् क (ब भ – ड ढ) + ख (प फ – ट ठ)

= ट ठ ड ढ – प फ ब भ

अर्थात् क (ब भ – ड ढ) –ख (ट ठ – प फ)

= ट ठ ड ढ – प फ ब भ

अर्थात् (ब भ– ड ढ) (क – ख) = ट ठ ड ढ – प फ ब भ

(यदि प फ + ब भ = ट ठ + ड ढ

तो ब भ – ड ढ = ट ठ – प फ)

अतः (ब भ – ड ढ) (म – न)य = ट ठ ड ढ – प फ ब भ होने के कारण समीकरण एक घातीय है।

पुनः $$\frac{\text{य}^2 + \text{म य} + \text{प फ}}{\text{य}^2 + \text{म य} + \text{ट ठ}} = \frac{\text{य}^2 + \text{न य} + \text{ड ढ}}{\text{य}^2 + \text{न य} + \text{ब भ}}$$

अर्थात् $$\frac{\text{य}^2 + \text{म य} + \text{प फ}}{\text{य}^2 + \text{न य} + \text{ड ढ}} = \frac{\text{य}^2 + \text{म य} + \text{ट ठ}}{\text{य}^2 + \text{न य} + \text{ब भ}}$$

दोनों पक्षों से एक घटाने पर

$$\frac{(\text{म} - \text{न})\ \text{य} + (\text{प फ} - \text{ड ढ})}{\text{य}^2 + \text{न य} + \text{ड ढ}} = \frac{(\text{म} - \text{न})\ \text{य} + (\text{ट ठ} - \text{ब भ})}{\text{य}^2 + \text{न य} + \text{ब भ}}$$

∵ प फ – ड ढ = ट ठ – ब भ

अतः (म – न) य + (प फ – ड ढ) = 0

अर्थात् $$\text{य} = \frac{\text{ड ढ} - \text{प फ}}{\text{म} - \text{न}} = \frac{\text{ड ढ} - \text{प फ}}{(\text{प} + \text{फ}) - (\text{ब} + \text{भ})}$$

अतः समीकरण (य + प) (य + फ) (य + ब) (य + भ)

= (य + ट) (य + ठ) (य + ड) (य + ढ)

एक घातीय है, यदि प + फ = ट + ठ, ब + भ = ड + ढ तथा प फ + ब भ = ट ठ + ड ढ । इस स्थिति में समीकरण का हल—

$$\text{य} = \frac{\text{ड ढ} - \text{प फ}}{(\text{प} + \text{फ}) - (\text{ब} + \text{भ})} \quad ।$$

अब ट = त − भ, ठ = त − ब, ड = त − फ तथा ढ = त − प

जहाँ कि $\text{त} = \frac{1}{2}$ (प + फ + ब + भ) रखने पर समीकरण

(य + प) (य + फ) (य + ब) (य + भ)

= (य + त − प) (य + त − फ) (य + त − ब) (य + त − भ) उपर्युक्त प्रतिबंधों का पालन करते हुए हल—

$$\text{य} = \frac{(\text{त} - \text{फ})(\text{त} - \text{प}) - \text{प फ}}{(\text{प} + \text{फ}) - (\text{ब} + \text{भ})} \text{ प्रदान करता है।}$$

$$\text{अर्थात्} \quad \text{य} = \frac{\text{त}^2 - (\text{प} + \text{फ})\,\text{त}}{(\text{प} + \text{फ}) - (\text{ब} + \text{भ})}$$

$$= \text{त} \left\{ \frac{\text{त} - (\text{प} + \text{फ})}{(\text{प} + \text{फ}) - (\text{ब} + \text{भ})} \right\}$$

$$= \left(\frac{\text{प} + \text{फ} + \text{ब} + \text{भ}}{2} \right) \frac{1}{2} \left\{ \frac{-(\text{प} + \text{फ}) + (\text{ब} + \text{भ})}{(\text{प} + \text{फ}) - (\text{ब} + \text{भ})} \right\}$$

$$= - \frac{\text{प} + \text{फ} + \text{ब} + \text{भ}}{4}$$

टिप्पणी : ऊपर हम सिद्ध कर चुके हैं कि समीकरण

$$\frac{(\text{य} + \text{प})(\text{य} + \text{फ})}{(\text{य} + \text{ड})(\text{य} + \text{ढ})} = \frac{(\text{य} + \text{ट})(\text{य} + \text{ठ})}{(\text{य} + \text{ब})(\text{य} + \text{भ})}$$

का इस प्रतिबंध के साथ कि प + फ = ट + ठ, ब + भ = ड + ढ तथा प फ + ब भ = ट ठ + ड ढ हल य = $\frac{\text{ड} - \text{प फ}}{(\text{प} \quad + \text{ढ})}$ है।

अतः $(प + फ)य - (ड + ढ) य = ड ढ - प फ$

अर्थात् $(प + फ) य + प फ = (ड + ढ) य + ड ढ$

अर्थात् $य^2 + (प + फ) य + प फ = य^2 + (ड + ढ) य + ड ढ$

अर्थात् $(य + प) (य + फ) = (य + ड)(य + ढ)$

अर्थात् $\frac{(य + प) (य + फ)}{(य + ड) (य + ढ)} = 1$ के हल के तुल्य है।

उदाहरण : $(य + 2) (य - 1) (य - 3) (य + 6)$
$= य(य + 3) (य + 5) (य - 4)$ को हल करो।

हल—वामपक्ष के गुणनखंडों के स्वतंत्र पदों के योग का अर्द्धांश

$$= \frac{2 - 1 - 3 + 6}{2} = 2$$

दक्षिण पक्ष के गुणनखंडों के स्वतंत्र पद 0, 3, 5, –4 अर्थात् 2–2, 2–(–1), 2–(–3), 2–6 हैं। अतः यहाँ 'शून्यं साम्य समुच्चये' सूत्र का अनुप्रयोग होगा।

प्रत्येक पक्ष के गुणनखंडों का योग $4य + 4$ होने के कारण हल $4य + 4 = 0$ अर्थात् $य = -1$

(iii) 'शून्यं साम्य समुच्चये' सूत्र का छद्‌म सार्व-गुणनखंड रूप में अनुप्रयोग—

हम प्रारंभ में देख चुके हैं कि यदि किसी समीकरण के दोनों पक्षों (अथवा दक्षिण पक्ष शून्य होने की स्थिति में वामपक्ष) के सभी पदों में एक अज्ञात राशि युक्त उपपद सर्वनिष्ठ है, तब उस उपपद को वहाँ से अलग किया जा सकता है। यहाँ हम उन प्रश्नों को लेंगे जो इस प्रकार के दिखाई नहीं देते, परंतु पदों को थोड़ा व्यवस्थित करने पर उस रूप में आ जाते हैं।

उदाहरण (1) :

$$\frac{य + 2प}{फ + ब - प} + \frac{य + 2फ}{ब + प - फ} + \frac{य + 2ब}{प + फ - भ} = -3 \text{ को हल करो।}$$

हल—वामपक्ष के प्रत्येक पद में 1 तथा दक्षिण पक्ष में 3 जोड़ने पर

$$\left(\frac{य + 2प}{फ + ब - प} + 1\right) + \left(\frac{य + 2फ}{ब + प - फ} + 1\right) + \left(\frac{य + 2ब}{प + फ - भ} + 1\right) = 0$$

अर्थात् $\frac{\text{य} + \text{प} + \text{फ} + \text{ब}}{\text{फ} + \text{ब} - \text{प}} + \frac{\text{य} + \text{प} + \text{फ} + \text{ब}}{\text{ब} + \text{प} - \text{फ}} + \frac{\text{य} + \text{प} + \text{फ} + \text{ब}}{\text{प} + \text{फ} - \text{भ}} = 0$

'शून्यं साम्य समुच्चये' सूत्र द्वारा य + प + फ + ब = 0

अर्थात् य = – (प + फ + ब)

उदाहरण (2) :

$$\frac{\text{य} - \text{प}}{2\text{प} + \text{फ} + \text{ब}} + \frac{\text{य} - \text{फ}}{2\text{फ} + \text{ब} + \text{प}} + \frac{\text{य} - \text{ब}}{2\text{ब} + \text{प} + \text{फ}}$$

$$= \frac{\text{य} + \text{प}}{\text{फ} + \text{ब}} + \frac{\text{य} + \text{फ}}{\text{ब} + \text{प}} + \frac{\text{य} + \text{ब}}{\text{प} + \text{फ}}$$ को हल करो।

हल—दोनों पक्षों के प्रत्येक पद में 1 जोड़ने पर—

$$\frac{\text{य} + \text{प} + \text{फ} + \text{ब}}{2\text{प} + \text{फ} + \text{ब}} + \frac{\text{य} + \text{प} + \text{फ} + \text{ब}}{2\text{फ} + \text{ब} + \text{प}} + \frac{\text{य} + \text{प} + \text{फ} + \text{ब}}{2\text{ब} + \text{प} + \text{फ}}$$

$$= \frac{\text{य} + \text{प} + \text{फ} + \text{ब}}{\text{फ} + \text{ब}} + \frac{\text{य} + \text{प} + \text{फ} + \text{ब}}{\text{ब} + \text{प}} + \frac{\text{य} + \text{प} + \text{फ} + \text{ब}}{\text{प} + \text{फ}}$$

सूत्र 'शून्यं साम्य समुच्चये' के अनुप्रयोग से य + प + फ + ब = 0
अर्थात् य = – (य + फ + ब)

उदाहरण (3) :

$$\frac{\text{य} + \text{प}^2}{(\text{प} + \text{फ})(\text{प} + \text{ब})} + \frac{\text{य} - \text{फ}^2}{(\text{फ} + \text{ब})(\text{फ} + \text{प})} + \frac{\text{य} - \text{ब}^2}{(\text{ब} + \text{प})(\text{ब} + \text{फ})}$$

$$= \frac{\text{य} + \text{फ ब}}{\text{प फ} + \text{प ब}} + \frac{\text{प} + \text{ब प}}{\text{फ ब} + \text{फ प}} + \frac{\text{य} + \text{प फ}}{\text{ब प} + \text{ब फ}}$$

को हल करो।

हल—दोनों पक्षों के प्रत्येक पद में 1 जोड़ने पर—

$$\frac{\text{य} + \text{प फ} + \text{फ ब} + \text{ब प}}{(\text{प} + \text{फ})(\text{प} + \text{ब})} + \frac{\text{य} + \text{प फ} + \text{फ ब} + \text{ब प}}{(\text{फ} + \text{ब})(\text{फ} + \text{प})}$$

$$+ \frac{\text{य} + \text{प फ} + \text{फ ब} + \text{ब प}}{(\text{ब} + \text{प})(\text{ब} + \text{फ})}$$

$$= \frac{\text{य} + \text{प फ} + \text{फ ब} + \text{ब प}}{\text{प फ} + \text{प ब}} + \frac{\text{य} + \text{प फ} + \text{फ ब} + \text{ब प}}{\text{फ ब} + \text{फ प}} + \frac{\text{य} + \text{प फ} + \text{फ ब} + \text{ब प}}{\text{ब प} + \text{ब फ}}$$

'शून्यं साम्य समुच्चये' के अनुप्रयोग से य + प फ + फ ब + ब प =0
अर्थात् य = – (प फ + फ ब + ब प)

उदाहरण (4) :

$$\frac{\text{य} + \text{फ ब}}{\text{फ} + \text{ब}} + \frac{\text{य} + \text{ब प}}{\text{ब} + \text{प}} + \frac{\text{य} + \text{प फ}}{\text{प} + \text{फ}} = \frac{\text{य} + \text{फ ब}}{2\text{प}} + \frac{\text{य} + \text{ब प}}{2\text{फ}} + \frac{\text{य} + \text{प फ}}{2\text{ब}}$$ को हल करो।

हल—वामपक्ष के पदों में क्रमशः प, फ, ब तथा दक्षिण पक्ष के पदों में क्रमशः $\frac{1}{2}$ (फ + ब), $\frac{1}{2}$ (ब + प), $\frac{1}{2}$ (प + फ) जोड़ने पर

$$\frac{\text{य} + \text{प फ} + \text{फ ब} + \text{ब प}}{\text{फ} + \text{ब}} + \frac{\text{य} + \text{प फ} + \text{फ ब} + \text{ब प}}{\text{ब} + \text{प}} + \frac{\text{य} + \text{प फ} + \text{फ ब} + \text{ब प}}{\text{प} + \text{फ}}$$

$$= \frac{\text{य} + \text{प फ} + \text{फ ब} + \text{ब प}}{2\text{प}} + \frac{\text{य} + \text{प फ} + \text{फ ब} + \text{ब प}}{2\text{फ}} + \frac{\text{य} + \text{प फ} + \text{फ ब} + \text{ब प}}{2\text{ब}}$$

सूत्र 'शून्यं साम्य समुच्चये' के अनुप्रयोग से य + प फ + फ ब + ब प = 0
अर्थात् य = – (प फ + फ ब + ब प)

उदाहरण (5) :

$$\frac{\text{य} + \text{प}^2 + 2\text{ब}^2}{\text{फ} + \text{ब}} + \frac{\text{य} + \text{फ}^2 + 2\text{प}^2}{\text{ब} + \text{प}} + \frac{\text{य} + \text{ब}^2 + 2\text{फ}^2}{\text{प} + \text{फ}} = 0$$

को सरल करो।

हल—वामपक्ष के पदों में क्रमशः फ-ब, ब-प, प-फ जोड़ने पर—

$$\frac{य + प^2 + फ^2 + ब^2}{फ + ब} + \frac{य + प^2 + फ^2 + ब^2}{ब + प} + \frac{य + प^2 + फ^2 + ब^2}{प + फ}$$

$= 0$

सूत्र 'शून्यं साम्य समुच्चये' के अनुप्रयोग से $य + प^2 + फ^2 + ब^2 = 0$
अतः $य = -(प^2 + फ^2 + ब^2)$

उदाहरण (6) :

$$\frac{य + ब^2 (फ^2 + 2प^2)}{प (फ + ब)} + \frac{य + प^2 (ब^2 + 2फ^2)}{फ (ब + प)} + \frac{य + फ^2 (प^2 + 2ब^2)}{ब (प + फ)}$$

$= 0$ को हल करो।

हल—$(प फ - प ब) + (फ ब - फ प) + (ब प - ब फ) = 0$
समीकरण के वामपक्ष के पदों में क्रमशः प फ – प ब, फ ब – फ प, ब प – ब फ जोड़ने पर

$$\frac{य+प^2फ^2+फ^2ब^2+ब^2प^2}{प (फ + ब)} + \frac{य+प^2फ^2+फ^2ब^2+ब^2प^2}{फ (ब + प)} + \frac{य+प^2फ^2+फ^2ब^2+ब^2प^2}{ब (प + फ)} = 0$$

सूत्र 'शून्यं साम्य समुच्चये' के अनुप्रयोग से $य + प^2फ^2 + फ^2ब^2 + ब^2प^2 = 0$
अर्थात् $य = - (प^2फ^2 + फ^2ब^2 + ब^2प^2)$

उदाहरण (7) :

$$\frac{य + प^3}{फ + ब} + \frac{य + फ^3}{ब + प} + \frac{य + ब^3}{प + फ}$$

$= प फ + फ ब + ब प - 2(प^2 + फ^2 + ब^2)$ को हल करो।

हल—$\because (फ^2 + ब^2 - फ ब) + (ब^2 + प^2 - ब प) + (प^2 + फ^2 - प फ)$
$= 2(प^2 + फ^2 + ब^2) - (प फ + फ ब + ब प)$

समीकरण के वामपक्ष के पदों में क्रमशः $फ^2 + ब^2 - फ ब$, $ब^2 + प^2 -$

ब प, $प^2 + फ^2 - प\,फ$ तथा दक्षिण पक्ष में $2(प^2 + फ^2 + ब^2) - (प\,फ + फ\,ब + ब\,प)$ जोड़ने पर

$$\left(\frac{य + प^3}{फ + ब} + फ^2 + ब^2 - फ\,ब\right) + \left(\frac{य + फ^3}{ब + प} + ब^2 + प^2 - ब\,प\right) + \left(\frac{य + ब^3}{प + फ} + प^2 + फ^2 - प\,फ\right) = 0$$

अर्थात्

$$\frac{य + प^3 + फ^3 + ब^3}{फ + ब} + \frac{य + फ^3 + ब^3 + प^3}{ब + प} + \frac{य + ब^3 + प^3 + फ^3}{प + फ} = 0$$

सूत्र 'शून्यं साम्य समुच्चये' के अनुप्रयोग से $य + प^3 + फ^3 + ब^3 = 0$
अतः $य = -(प^3 + फ^3 + ब^3)$

❑

अध्याय 8

विलयन प्रकार के सरल समीकरणों का हल (परावर्त्य विधि)

यहाँ पर हम उन सरल समीकरणों का हल करना सीखेंगे जिनमें परावर्त्य विधि का अनुप्रयोग किया जा सकता है।

I. प्रथम प्रकार के समीकरण :

प्रथम प्रकार में वे समीकरण आते हैं जिनमें वामपक्ष में कई पद, दाहिने पक्ष के एक पद के बराबर किए जाते हैं तथा वामपक्ष के सभी अंशों का योग दाहिने पक्ष के अंश के समान होता है।

उदाहरणार्थ : $\frac{4}{\text{य} + 1} + \frac{3}{\text{य} + 2} = \frac{7}{\text{य} + 3}$ को हल करना है।

यहाँ वामपक्ष के अंशों का योग 4 + 3 = 7 जो दाहिने पक्ष के अंश 7 के समान है। अतः यहाँ 'परावर्त्य' सूत्र लगेगा। इस विधि में दाहिने पक्ष के भिन्न का वामपक्ष में इस प्रकार विलयन करते हैं, कि केवल दो पद ही बच रहते हैं।

$$4\left(\frac{1}{\text{य} + 1} - \frac{1}{\text{य} + 3}\right) + 3\left(\frac{1}{\text{य} + 2} - \frac{1}{\text{य} + 3}\right) = 0$$

विधि इस प्रकार होगी—

चूँकि हम दाएँ पक्ष का बाएँ पक्ष में विलय करते हैं, अतः वामपक्ष के भिन्न के हर के स्वतंत्र पद को विलय होनेवाले भिन्न के हर के स्वतंत्र पद

में से घटाते हैं तथा शेष को वामपक्ष के अंश से गुणा करते हैं और विधि पूरी हो जाती है। इस प्रश्न के प्रकरण में—

(अ) सर्वप्रथम वामपक्ष में बचनेवाले पदों के हरों को लिखते हैं

$$\frac{\quad}{य + 1} \qquad \frac{\quad}{य + 2}$$

(ब) चूँकि दाहिने पक्ष में विलय होनेवाले भिन्न के हर का स्वतंत्र पद 3 है और वामपक्ष के भिन्न जिसमें विलय होना है, के हर का स्वतंत्र पद 1 है, अतः 3 − 1 = 2 को अंश 4 से गुणा करके प्राप्त 8 को पहले पद का अंश लिखेंगे।

(स) इसी विधि से द्वितीय पद का अंश (3 − 2) × 3 = 3 लिखेंगे।

(द) विलयन के उपरांत प्राप्त नया समीकरण

$$\frac{8}{य + 1} + \frac{3}{य + 2} = 0$$

अब तिर्यक गुणन द्वारा 8 य + 16 + 3य +3 = 0

अर्थात् $\quad 11य = -19$

अर्थात् $\quad य = \frac{-19}{11}$

सामान्य बीजगणितीय स्वरूप :

$$\frac{ट}{य + प} + \frac{ठ}{य + फ} = \frac{ट + ठ}{य + ब}$$

अर्थात् $\left(\frac{ट}{य + प} - \frac{ट}{य + ब}\right) + \left(\frac{ठ}{य + फ} - \frac{ठ}{य + ब}\right) = 0$

अर्थात् $\quad \frac{ट\ (ब - प)}{य + प} + \frac{ठ\ (ब - फ)}{य + फ} = 0$

तिर्यक गुणन द्वारा

$$ट\ (ब - प)\ (य + फ) + ठ(ब - फ)\ (य + प) = 0$$

अतः $\quad य = -\left[\frac{ठ\ प\ (ब - फ) + ट\ फ\ (ब - प)}{ट\ (ब - प) + ठ\ (ब - फ)}\right]$

अभ्यास प्रश्न—निम्नलिखित समीकरणों को हल करो—

(1) $\frac{2}{य + 3} + \frac{5}{य - 1} = \frac{7}{य + 5}$

(2) $\frac{5}{य + 7} + \frac{3}{य + 5} = \frac{8}{य + 6}$

(3) $\frac{1}{य - 2} + \frac{3}{य - 3} = \frac{4}{य + 2}$

(4) $\frac{3}{य + 1} + \frac{1}{य + 3} = \frac{4}{य - 1}$

(5) $\frac{7}{य + 2} - \frac{2}{य + 3} = \frac{5}{य + 4}$

II. सरल विलयन प्रकार के छद्मरूप समीकरण :

'परावर्त्य योजयेत' सूत्र के प्रयोग के लिए भी हमें छद्मरूप समीकरणों के रहस्य को अच्छी तरह समझना होगा, जैसा कि हमने 'शून्यं साम्य समुच्चये' सूत्र के अनुप्रयोग के लिए छद्मरूप समीकरणों के प्रकरणों में किया था। यहाँ कुछ उदाहरण प्रस्तुत हैं :

उदाहरण (1) :

$$\frac{5}{य - 3} + \frac{4}{2 - य} = \frac{1}{य + 1}$$ को हल करो।

हल—समीकरण को $\frac{5}{य - 3} + \frac{(-4)}{य - 2} = \frac{1}{य + 1}$ रूप में रख सकते हैं।

यहाँ 5 - 4 = 1, अतः 'परावर्त्य योजयेत्' सूत्र लगेगा, जिससे

$$\frac{\{1-(-3)\} \times 5}{य - 3} + \frac{\{1-(-2)\} \times (-4)}{य - 2} = 0$$

अर्थात्
$$\frac{20}{य - 3} - \frac{12}{य - 2} = 0$$

अर्थात् $5\ (य - 2)\ -3\ (य - 3) = 0$

अर्थात् $य = \frac{1}{2}$

उदाहरण (2) :

$$\frac{4}{2य + 3} + \frac{3}{3य + 1} = \frac{18}{6य + 5}$$ को हल करो।

हल—यहाँ चूँकि $\frac{4}{2} + \frac{3}{3} = \frac{18}{6}$

यहाँ हर के एक घातीय पदों की गुणन-संख्याएँ क्रमशः 2, 3 तथा 6 हैं। सभी को इनके ल.स. 6 के समान बनाने पर

$$\frac{12}{6य + 9} + \frac{6}{6य + 2} = \frac{18}{6य + 5}$$

'परावर्त्य योजयेत' सूत्र के अनुप्रयोग से—

$$\frac{(5 - 9) \times 12}{6य + 9} + \frac{(5 - 2) \times 6}{6य + 2} = 0$$

अर्थात् $-8(6य + 2) + 3\ (6य + 9) = 0$

अर्थात् $य = \frac{11}{30}$

अभ्यास प्रश्न—

निम्नलिखित समीकरणों को हल करो—

(1) $\frac{2}{य - 2} + \frac{1}{3 - य} = \frac{1}{य + 4}$

(2) $\frac{3}{य + 1} + \frac{4}{2य + 3} = \frac{5}{य + 2}$

(3) $\frac{7}{य + 2} + \frac{3}{6य + 1} = \frac{15}{2य + 3}$

(4) $\frac{1}{3य + 5} + \frac{2}{3य + 2} = \frac{1}{य + 3}$

(5) $\frac{6}{2य + 3} + \frac{3}{3य - 1} = \frac{4}{य + 2}$

III. बहुखंडीय विलयन (विलयन विधि का विस्तार) :

समीकरण $\frac{ट}{य + प} + \frac{ठ}{य + फ} + \frac{ड}{य + ब} = \frac{ट + ठ + ड}{य + भ}$ में 'परावर्त्य योजयेत्' सूत्र तथा विलयन विधि के अनुप्रयोग से—

$$\frac{ट(भ - प)}{य + प} + \frac{ठ(भ - फ)}{य + फ} + \frac{ड(भ - ब)}{य + ब} = 0$$

यदि $ट(भ - प) + ठ(भ - फ) + ड(भ - ब) = 0$

अर्थात् $भ = \frac{ट प + ठ फ + ड ब}{ट + ठ + ड}$

तब समीकरण $\frac{ट(भ - प)}{य + प} + \frac{ठ(भ - फ)}{य + फ} = \frac{-ड(भ - ब)}{य + ब}$

में पुनः विलयन विधि का अनुप्रयोग करने पर—

$$\frac{ट(भ - प)(ब - प)}{य + प} + \frac{ठ(भ - फ)(ब - फ)}{य + फ} = 0$$

तिर्यक गुणन द्वारा अब समीकरण को हल कर य का मान ज्ञात किया जा सकता है। इसी प्रकार यह विलयन विधि कितने ही पदोंवाले समीकरण पर लागू की जा सकती है।

उदाहरण (1) :

$$\frac{फ + ब}{य + प} + \frac{ब + प}{य + फ} + \frac{प + फ}{य + ब} = \frac{2(प + फ + ब)}{य + \frac{प फ + फ ब + ब प}{प + फ + ब}}$$

को हल करो।

हल—(फ + ब) + (ब + प) + (प + फ) = 2(प + फ + ब)
अतः यहाँ विलयन विधि का अनुप्रयोग किया जा सकता है। विलयन कृत समीकरण :

$$\frac{(\text{फ ब} - \text{प}^2)(\text{फ} + \text{ब})}{(\text{प} + \text{फ} + \text{ब})(\text{य} + \text{प})} + \frac{(\text{ब प} - \text{फ}^2)(\text{ब} + \text{प})}{(\text{प} + \text{फ} + \text{ब})(\text{य} + \text{फ})} + \frac{(\text{प फ} - \text{ब}^2)(\text{प} + \text{फ})}{(\text{प} + \text{फ} + \text{ब})(\text{य} + \text{ब})} = 0$$

$$\text{अतः } \frac{\text{फ}^2\text{ब} - \text{प}^2\text{फ} + \text{ब}^2\text{फ} - \text{प}^2\text{ब}}{\text{य} + \text{प}} + \frac{\text{ब}^2\text{प} - \text{फ}^2\text{ब} + \text{प}^2\text{ब} - \text{फ}^2\text{प}}{\text{य} + \text{फ}} = \frac{-\text{प}^2\text{फ} + \text{ब}^2\text{प} - \text{फ}^2\text{प} + \text{ब}^2\text{फ}}{\text{य} + \text{ब}}$$

$$\because (\text{फ}^2\text{ब} - \text{प}^2\text{फ} + \text{ब}^2\text{फ} - \text{प}^2\text{ब}) + (\text{ब}^2\text{प} - \text{फ}^2\text{ब} + \text{प}^2\text{ब} - \text{फ}^2\text{प}) = -\text{प}^2\text{फ} + \text{ब}^2\text{प} - \text{फ}^2\text{प} + \text{ब}^2\text{फ}$$

अतः पुनः विलयन विधि के अनुप्रयोग से

$$\frac{(\text{ब} - \text{प})(\text{फ}^2\text{ब} - \text{प}^2\text{फ} + \text{ब}^2\text{फ} - \text{प}^2\text{ब})}{\text{य} + \text{प}} + \frac{(\text{ब} - \text{फ})(\text{ब}^2\text{प} - \text{फ}^2\text{ब} + \text{प}^2\text{ब} - \text{फ}^2\text{प})}{\text{य} + \text{फ}} = 0$$

$$\text{अतः य} = -\frac{\left\{\begin{array}{l}(\text{प ब} - \text{प फ})(\text{ब}^2\text{प} - \text{फ}^2\text{ब} + \text{प}^2\text{ब} - \text{फ}^2\text{य}) \\ + (\text{फ ब} - \text{प फ})(\text{फ}^2\text{ब} - \text{प}^2\text{फ} + \text{ब}^2\text{फ} - \text{प}^2\text{ब})\end{array}\right\}}{\left\{\begin{array}{l}(\text{ब} - \text{फ})(\text{ब}^2\text{प} - \text{फ}^2\text{ब} + \text{प}^2\text{ब} - \text{फ}^2\text{प}) \\ + (\text{ब} - \text{प})(\text{फ}^2\text{ब} - \text{प}^2\text{फ} + \text{ब}^2\text{फ} - \text{प}^2\text{ब})\end{array}\right\}}$$

उदाहरण (2) :

$$\frac{\text{प}}{\text{य} + (\text{फ} - \text{ब})} + \frac{\text{फ}}{\text{य} + (\text{ब} - \text{प})} + \frac{\text{ब}}{\text{य} + (\text{प} - \text{फ})} = \frac{\text{प} + \text{फ} + \text{ब}}{\text{य}}$$

को हल करो।

हल—विलयन विधि के अनुप्रयोग से समीकरण—

$$\frac{प(ब - फ)}{य + फ - ब} + \frac{फ(प - ब)}{य + ब - प} + \frac{ब(फ - प)}{य + प - फ} = 0$$

अर्थात् $$\frac{प(ब - फ)}{य + फ - ब} + \frac{फ(प - ब)}{य + ब - प} = \frac{ब(प - फ)}{य + प - फ}$$

विलयन विधि के पुनः अनुप्रयोग से समीकरण—

$$\frac{प(ब - फ)(ब + प - 2फ)}{य + फ - ब} + \frac{फ(प - ब)(2प - ब - फ)}{य + ब - प} = 0$$

$$\therefore\ य = - \frac{\left\{\begin{array}{l} फ(फ - ब)(प - ब)(2प - ब - फ) \\ + प(ब - प)(ब - फ)(ब + प - 2फ) \end{array}\right\}}{\left\{\begin{array}{l} फ(प - ब)(2प - ब - फ) \\ + प(ब - फ)(ब + प - 2फ) \end{array}\right\}}$$

उदाहरण (3) : $$\frac{फ + ब}{य + फ - ब} + \frac{ब + प}{य + ब - प} + \frac{प + फ}{य + प - फ}$$

$$= \frac{2(प + फ + ब)}{य}$$ को हल करो।

हल—विलयन विधि के अनुप्रयोग से समीकरण—

$$\frac{ब^2 - फ^2}{य + फ - ब} + \frac{प^2 - ब^2}{य + ब - प} + \frac{फ^2 - प^2}{य + प - फ} = 0$$

अर्थात् $$\frac{ब^2 - फ^2}{य + फ - ब} + \frac{प^2 - ब^2}{य + ब - प} = \frac{प^2 - फ^2}{य + प - फ}$$

विलयन विधि के पुनः अनुप्रयोग से समीकरण—

$$\frac{(ब^2 - फ^2)(प + ब - 2फ)}{य + फ - ब} + \frac{(प^2 - ब^2)(2प - फ - ब)}{य + ब - प} = 0$$

$$\text{अतः } य = -\frac{\left\{\begin{matrix}(फ - ब)(प^2 - ब^2)(2प - फ - ब) \\ + (ब - प)(ब^2 - फ^2)(प + ब - 2फ)\end{matrix}\right\}}{\left\{\begin{matrix}(ब^2 - फ^2)(प + ब - 2फ) \\ + (प^2 - ब^2)(2प - फ - ब)\end{matrix}\right\}}$$

उदाहरण (4) : समीकरण $\frac{5}{य + 1} + \frac{4}{य + 2} + \frac{3}{य + 3} = \frac{72}{6य + 11}$ को हल करो।

हल—दोनों पक्षों के हरों के एक घातीय पदों की गुणन-संख्याओं को समान अर्थात् 6 बनाने पर—

$$\frac{30}{6य + 6} + \frac{24}{6य + 12} + \frac{18}{6य + 18} = \frac{72}{6य + 11}$$

समीकरण को 6 से भाग देने पर—

$$\frac{5}{6य + 6} + \frac{4}{6य + 12} + \frac{3}{4य + 18} = \frac{12}{6य + 11}$$

$\because 5 + 4 + 3 = 12$

अतः विलयन विधि के अनुप्रयोग से—

$$\frac{5\times(11 - 6)}{6य + 6} + \frac{4\times(11 - 12)}{6य + 12} + \frac{3\times(11 - 18)}{6य + 18} = 0$$

पक्षांतरण करने पर—

$$\frac{25}{6य + 6} = \frac{4}{6य + 12} + \frac{21}{6य + 18}$$

$\because 25 = 4 + 21$

अतः विलयन विधि के पुनः अनुप्रयोग से—

$$\frac{4\times(6 - 12)}{6य + 12} + \frac{21\times(6 - 18)}{6य + 18} = 0$$

अर्थात् $$\frac{2}{6य + 12} + \frac{21}{6य + 18} = 0$$

$$\because \qquad य = -\frac{18 \times 2 + 12 \times 21}{6.(2 + 21)}$$

$$= -\frac{48}{23}$$

उदाहरण (5) :

$$\frac{1}{य - 1} + \frac{3}{य + 9} + \frac{7}{य + 1} = \frac{11}{य + 3}$$ को हल करो।

हल— $\because$ 1 + 3 + 7 = 11

अतः विलयन विधि के अनुप्रयोग से—

$$\frac{1\times(3 + 1)}{य - 1} + \frac{3\times(3 - 9)}{य + 9} + \frac{7\times(3 - 1)}{य + 1} = 0$$

अर्थात्
$$\frac{4}{य - 1} - \frac{18}{य + 9} + \frac{14}{य + 1} = 0$$

पक्षांतरण से
$$\frac{4}{य - 1} + \frac{14}{य + 1} = \frac{18}{य + 9}$$

$\because$ 4 + 14 = 18

अतः विलयन विधि के पुनः अनुप्रयोग से—

$$\frac{4\times(9 + 1)}{य - 1} + \frac{14\times(9 - 1)}{य + 1} = 0$$

अर्थात्
$$\frac{5}{य - 1} + \frac{14}{य + 1} = 0$$

अतः
$$य = -\left\{\frac{1\times5 + (-1)\times14}{5 + 14}\right\}$$

$$= \frac{9}{19}$$

अभ्यास प्रश्न : निम्नलिखित समीकरणों को हल करो—

(1) $\frac{8}{\text{य} + 1} + \frac{7}{\text{य} + 6} + \frac{5}{\text{य} + 2} = \frac{20}{\text{य} + 3}$

(2) $\frac{2}{\text{य} + 3} + \frac{3}{\text{य} + 8} + \frac{5}{\text{य} + 4} = \frac{10}{\text{य} + 5}$

(3) $\frac{3}{\text{य} + 1} + \frac{5}{\text{य} + 3} + \frac{6}{\text{य} + 11} = \frac{14}{\text{य} + 6}$

(4) $\frac{3}{\text{य} + 6} + \frac{5}{\text{य} + 2} + \frac{2}{\text{य} + 1} = \frac{10}{\text{य} + 3}$

(5) $\frac{\text{प}}{\text{य} + \text{प}^2 - \text{फ ब}} + \frac{\text{फ}}{\text{य} + \text{फ}^2 - \text{प ब}} + \frac{\text{ब}}{\text{य} + \text{ब}^2 - \text{प फ}}$

$$= \frac{\text{प} + \text{फ} + \text{ब}}{\text{य} + \text{प}^2 + \text{फ}^2 + \text{ब}^2 - \text{प फ} - \text{फ ब} - \text{ब प}}$$

IV. जटिल विलयन (एक घातवाले समीकरणों के लिए) :

एक विशिष्ट एवं जटिल प्रकार के समीकरण, जिन्हें साधारणतः बहुत कठिन माना जाता है, निम्न है—

$$\frac{\text{म प}}{\text{म य} + \text{क}} + \frac{\text{न फ}}{\text{न य} + \text{ख}} = \frac{\text{त प}}{\text{त य} + \text{ग}} + \frac{\text{थ प}}{\text{थ य} + \text{घ}}$$

जहाँ कि $\frac{\text{प}}{\text{फ}} = \frac{\frac{\text{ख}}{\text{न}} - \frac{\text{घ}}{\text{थ}}}{\frac{\text{ग}}{\text{त}} - \frac{\text{क}}{\text{म}}}$

इस प्रकार के समीकरण की विशेषता यह है कि

$$\frac{\text{अंश}_1}{\text{हर}_1 \text{ का एक घातीय पद}} = \frac{\text{अंश}_3}{\text{हर}_3 \text{ का एक घातीय पद}}$$

$$\frac{\text{अंश}_2}{\text{हर}_2 \text{ का एक घातीय पद}} = \frac{\text{अंश}_4}{\text{हर}_4 \text{ का एक घातीय पद}} \text{ ।}$$

इस प्रकार के समीकरणों के भिन्नों के अंश तथा हर में उचित संख्याओं का गुणा कर इस प्रकार बनाते हैं, कि $\text{अंश}_1' = \text{अंश}_3'$ तथा $\text{अंश}_2' = \text{अंश}_4'$। चूँकि पक्षांतरण, ल. स. इत्यादि मन–ही–मन किए जा सकते हैं, यह पकड़ वस्तुतः समीकरण को देखकर हल करने के समान है। भिन्नों का इस प्रकार पक्षांतरण करना होता है कि तिर्यक गुणन इत्यादि के पश्चात् वाम पक्ष और दक्षिण पक्ष के अंश समान हों।

समीकरण $\frac{\text{प}}{\text{य} + \text{क}} + \frac{\text{फ}}{\text{य} + \text{ख}} = \frac{\text{प}}{\text{य} + \text{ग}} + \frac{\text{फ}}{\text{य} + \text{घ}}$

जहाँ कि $\frac{\text{प}}{\text{फ}} = \frac{\text{ख} - \text{घ}}{\text{ग} - \text{क}}$ के हल पर विचार करते हैं।

पक्षांतरण द्वारा $\frac{\text{प}}{\text{य} + \text{क}} - \frac{\text{प}}{\text{य} + \text{ग}} = \frac{\text{फ}}{\text{य} + \text{घ}} - \frac{\text{फ}}{\text{य} + \text{ख}}$

अर्थात् $\frac{\text{प (ग - क)}}{(\text{य} + \text{क})\ (\text{य} + \text{ग})} = \frac{\text{फ (ख - घ)}}{(\text{य} + \text{घ})\ (\text{य} + \text{ख})}$

अर्थात् $(\text{य} + \text{घ})\ (\text{य} + \text{ख}) = (\text{य} + \text{क})(\text{य} + \text{ग})$

चूँकि प (ग – क) = फ (ख – घ)

अतः समीकरण का हल $\text{य} = \frac{\text{क ग} - \text{घ ख}}{\text{ख} + \text{घ} - \text{क} - \text{ग}}$

क, ख, ग एवं घ के स्थान पर क्रमशः $\frac{\text{क}}{\text{म}}$, $\frac{\text{ख}}{\text{न}}$, $\frac{\text{ग}}{\text{त}}$, तथा $\frac{\text{घ}}{\text{थ}}$ प्रतिस्थापित करने पर समीकरण—

$$\frac{\text{म प}}{\text{म य} + \text{क}} + \frac{\text{न फ}}{\text{न य} + \text{ख}} = \frac{\text{त प}}{\text{त य} + \text{ग}} + \frac{\text{थ फ}}{\text{थ य} + \text{घ}}$$

का हल $य = \dfrac{\left\{\dfrac{क}{म} \times \dfrac{ग}{त} - \dfrac{ख}{न} \times \dfrac{घ}{थ}\right\}}{\left\{\dfrac{ख}{न} + \dfrac{घ}{थ} - \dfrac{क}{म} - \dfrac{ग}{त}\right\}}$ है, जबकि

$$\frac{प}{फ} = \frac{\left\{\dfrac{ख}{न} - \dfrac{घ}{थ}\right\}}{\left\{\dfrac{ग}{त} - \dfrac{क}{म}\right\}} \quad ।$$

उदाहरण (1) :

समीकरण $\dfrac{3}{य+3} + \dfrac{7}{य+5} = \dfrac{3}{य+10} + \dfrac{7}{य+2}$

को हल करो।

हल—यहाँ $\dfrac{3}{1} = \dfrac{3}{1}$ तथा $\dfrac{7}{1} = \dfrac{7}{1}$ साथ ही $\dfrac{3}{7} = \dfrac{5-2}{10-3}$

अत: $य = \dfrac{3 \times 10 - 5 \times 2}{5 + 2 - 3 - 10}$

$= -\dfrac{10}{3}$

उदाहरण (2) :

समीकरण $\dfrac{2}{य+1} + \dfrac{1}{य+5} = \dfrac{2}{य+2} + \dfrac{1}{य+3}$

को हल करो।

हल— यहाँ $\dfrac{2}{1} = \dfrac{2}{1}$ तथा $\dfrac{1}{1} = \dfrac{1}{1}$ साथ ही $\dfrac{2}{1} = \dfrac{5-3}{2-1}$

अत: $य = \dfrac{1 \times 2 - 5 \times 3}{5 + 3 - 1 - 2}$

$= -\dfrac{13}{5}$

उदाहरण (3) :

समीकरण $\frac{4}{2य + 3} + \frac{15}{3य + 5} = \frac{2}{य + 4} + \frac{15}{3य + 2}$ को हल करो।

हल—यहाँ $\frac{4}{2} = \frac{2}{1}$ तथा $\frac{15}{3} = \frac{15}{3}$ साथ ही $\frac{2}{5} = \frac{\frac{5}{3} - \frac{2}{3}}{4 - \frac{3}{2}}$

$$\text{अतः } य = \frac{\left\{\frac{3}{2} \times 4 - \frac{5}{3} \times \frac{2}{3}\right\}}{\left\{\frac{5}{3} + \frac{2}{3} - \frac{3}{2} - 4\right\}}$$

$$= \frac{108 - 20}{30 + 12 - 27 - 72}$$

$$= -\frac{88}{57}$$

उदाहरण (4) : समीकरण $\frac{9}{3य + 1} + \frac{2}{2य + 3} = \frac{27}{9य + 5} + \frac{6}{6य + 5}$ को हल करो।

हल—यहाँ $\frac{9}{3} = \frac{27}{9}$ तथा $\frac{2}{2} = \frac{6}{6}$ साथ ही $\frac{3}{1} = \frac{\frac{3}{2} - \frac{5}{6}}{\frac{5}{9} - \frac{1}{3}}$

$$\text{अतः } य = \frac{\left\{\frac{1}{3} \times \frac{5}{9} - \frac{3}{2} \times \frac{5}{6}\right\}}{\left\{\frac{3}{2} + \frac{5}{6} - \frac{1}{3} + \frac{5}{9}\right\}}$$

$$= \frac{\left(-\frac{115}{108}\right)}{\left(\frac{13}{9}\right)}$$

$$= - \frac{115}{156}$$

अभ्यास प्रश्न—निम्नलिखित समीकरणों को हल करो—

(1) $\frac{1}{य + 1} + \frac{10}{2य + 5} = \frac{2}{2य + 7} + \frac{5}{य + 2}$

(2) $\frac{24}{3य + 1} + \frac{15}{3य + 2} = \frac{16}{2य + 1} + \frac{25}{5य + 3}$

(3) $\frac{6}{3य + 1} + \frac{147}{7य + 5} = \frac{12}{6य + 5} + \frac{63}{3य + 2}$

(4) $\frac{21}{3य + 1} + \frac{1}{य + 2} = \frac{14}{2य + 1} + \frac{6}{6य + 5}$

(5) $\frac{5}{2य + 1} + \frac{6}{3य + 2} = \frac{15}{6य + 5} + \frac{8}{4य + 1}$

(6) $\frac{6य^2 + 5य + 22}{3य + 1} + \frac{य^2 + 4य + 5}{य + 2} = \frac{2य^2 + 5य + 16}{2य + 1}$

$$+ \frac{12य^2 + 16य + 11}{6य + 5}$$

(7) $\frac{5य + 6}{य + 1} + \frac{2य + 15}{2य + 5} = \frac{4य + 16}{2य + 7} + \frac{4य + 13}{य + 2}$

❑

अध्याय 9

विविध सरल समीकरण

कुछ विविध प्रकार के एक घातीय सरल समीकरण नीचे दिए जा रहे हैं, जो वैदिक सूत्र द्वारा हल किए जा सकते हैं।

I. प्रथम प्रकार

इस प्रकार के समीकरणों के वाम पक्ष में एक प्रकार के चक्रीय भिन्न आते हैं तथा दक्षिण पक्ष शून्य के बराबर होता है। प्रश्नगत भिन्नों के योग के अंश को परावर्त्य सूत्र द्वारा निकालकर उसका मान शून्य के बराबर रखते हैं। यथा—

$$\frac{\text{ट}}{(\text{क य} + \text{प})(\text{ख य} + \text{फ})} + \frac{\text{ठ}}{(\text{ख य} + \text{फ})(\text{ग य} + \text{ब})} + \frac{\text{ड}}{(\text{ग य} + \text{ब})(\text{क य} + \text{प})} = 0$$

अर्थात् $\text{ट}(\text{ग य} + \text{ब}) + \text{ठ}(\text{क य} + \text{प}) + \text{ड}(\text{ख य} + \text{फ}) = 0$

अर्थात् $(\text{ट ग} + \text{ठ क} + \text{ड ख})\text{य} = -(\text{ट ब} + \text{ठ प} + \text{ड फ})$

अर्थात् $$\text{य} = -\frac{(\text{ट ब} + \text{ठ प} + \text{ड फ})}{\text{ट ग} + \text{ठ क} + \text{ड ख}}$$

दूसरे शब्दों में $$\text{य} = -\frac{\Sigma \text{ प्रत्येक अंश} \times \text{लुप्त द्विपद का निरपेक्ष पद}}{\Sigma \text{ प्रत्येक अंश} \times \text{लुप्त द्विपद के एक घातीय पद की गुणन-संख्या}}$$

चूँकि इसको याद करना तथा इसका अनुप्रयोग सहज और सरल है। सारी प्रक्रिया मन–ही–मन की जाती है।

उदाहरण (1) :

$$\frac{1}{(य - 2)(य - 3)} + \frac{2}{(य - 3)(य - 4)} + \frac{3}{(य - 4)(य - 2)} = 0$$

को हल करो।

हल— $$य = \frac{1 \times 4 + 2 \times 2 + 3 \times 3}{1 + 2 + 3}$$

$$= \frac{17}{6}$$

उदाहरण (2) :

$$\frac{2}{(य + 1)(य - 1)} + \frac{5}{(य - 1)(य + 3)} + \frac{9}{(य + 3)(य + 1)} = 0$$

को हल करो।

हल— $$य = -\frac{2 \times 3 + 5 \times 1 + 9 (-1)}{2 + 5 + 9}$$

$$= -\frac{2}{16}$$

$$= -\frac{1}{8}$$

कुछ छद्मवेषी उदाहरण

उदाहरण (1) :

$$\frac{3}{(य + 3)^2 - 2^2} + \frac{5}{(य + 4)^2 - 1^2} + \frac{1}{(य + 2)^2 - 1^2} = 0$$

को हल करो।

हल—

$$\frac{3}{(य + 1)(य + 5)} + \frac{5}{(य + 5)(य + 3)} + \frac{1}{(य + 3)(य + 1)} = 0$$

अत: $$य = -\frac{3 \times 3 + 5 \times 1 + 1 \times 5}{3 + 5 + 1}$$

$$= -\frac{19}{9}$$

उदाहरण (2) :

$$\frac{2}{य^2 + 3य + 2} + \frac{1}{य^2 + 5य + 6} + \frac{4}{य^2 + 4य + 3} = 0$$ को हल करो।

हल—

$$\frac{2}{(य + 1)(य + 2)} + \frac{1}{(य + 2)(य + 3)} + \frac{4}{(य + 3)(य + 1)} = 0$$

अत: $$य = -\frac{2 \times 3 + 1 \times 1 + 4 \times 2}{2 + 1 + 4}$$

$$= -\frac{15}{7}$$

उदाहरण (3) :

$$\frac{य + 4}{(य + 1)(य + 3)} + \frac{य + 10}{(य + 3)(य + 7)} + \frac{य + 8}{(य + 7)(य + 1)} = \frac{3}{य}$$

को हल करो।

हल—

$$\frac{य(य + 4)}{(य + 1)(य + 3)} + \frac{य(य + 10)}{(य + 3)(य + 7)} + \frac{य(य + 8)}{(य + 7)(य + 1)} = 3$$

अर्थात् $\left\{\frac{य(य+4)}{(य+1)(य+3)}-1\right\}+\left\{\frac{य(य+10)}{(य+3)(य+7)}-1\right\}$

$$+\left\{\frac{य(य+8)}{(य+7)(य+1)}-1\right\}=0$$

अर्थात्

$$\frac{(-3)}{(य+1)(य+3)}+\frac{(-21)}{(य+3)(य+7)}+\frac{(-7)}{(य+7)(य+1)}=0$$

अतः $य=-\frac{3\times7+21\times1+7\times3}{3+21+7}$

$$=-\frac{63}{31}$$

उदाहरण (4) :

$$\frac{15य-4}{(5य+2)(3य+1)}+\frac{6य+5}{(3य+1)(2य+3)}$$

$$+\frac{10य+9}{(2य+3)(5य+2)}=\frac{3}{य+1}$$ को हल करो।

हल— $\frac{(15य-4)(य+1)}{(5य+2)(3य+1)}+\frac{(6य+5)(य+1)}{(3य+1)(2य+3)}$

$$+\frac{(10य+9)(य+1)}{(2य+3)(5य+2)}=3$$

अर्थात् $\left\{\frac{(15य-4)(य+1)}{(5य+2)(3य+1)}-1\right\}+\left\{\frac{(6य+5)(य+1)}{(3य+1)(2य+3)}-1\right\}$

$$+\left\{\frac{(10य+9)(य+1)}{(2य+3)(5य+2)}-1\right\}=0$$

अर्थात् $$\frac{(-6)}{(5\text{य} + 2)(3\text{य} + 1)} + \frac{2}{(3\text{य} + 1)(2\text{य} + 3)} + \frac{3}{(2\text{य} + 3)(5\text{य} + 2)} = 0$$

अतः $$\text{य} = -\frac{(-6) \times 3 + 2 \times 2 + 3 \times 1}{(-6) \times 2 + 2 \times 5 + 3 \times 3}$$

$$= \frac{11}{7}$$

II. द्वितीय प्रकार

द्वितीय प्रकार का विशेष सरल समीकरण इस प्रकार का होगा—

$$\frac{1}{\text{प फ}} + \frac{1}{\text{प ब}} = \frac{1}{\text{प भ}} + \frac{1}{\text{फ ब}}$$

तथा हर के घटक (प, फ, ब और भ) समांतर श्रेणी में हैं। इनको हल करने का सूत्र 'सोपान्त्यद्वयमन्त्यम्' है, जिसका अर्थ है 'अंतिम तथा उपांतिम का दुगुना'। अंतिम तथा उपांतिम के दुगुने के योग के शून्य को बराबर रखने से समीकरण का हल प्राप्त हो जाता है।

इसकी बीजगणितीय उपपत्ति इस प्रकार होगी—

$$\frac{1}{\text{प फ}} + \frac{1}{\text{प ब}} = \frac{1}{\text{प भ}} + \frac{1}{\text{फ ब}}$$

अर्थात् $$\frac{1}{\text{प फ}} - \frac{1}{\text{फ ब}} = \frac{1}{\text{प भ}} - \frac{1}{\text{प ब}}$$

अर्थात् $$\frac{\text{ब} - \text{प}}{\text{प फ ब}} = \frac{\text{ब} - \text{भ}}{\text{प ब भ}}$$

अर्थात् $$\text{भ}(\text{ब} - \text{प}) = \text{फ}\,(\text{ब} - \text{भ})$$

अर्थात् $$\text{भ}(\text{ब} - \text{प}) + \text{फ}\,(\text{भ} - \text{ब}) = 0 \quad ...(1)$$

जैसाकि प, फ, ब और भ समांतर श्रेणी में हैं

अतः फ − प = ब − फ = भ − ब

समीकरण फ − प = भ − ब ...(2)

तथा ब − फ = भ − ब ...(3)

को जोड़ने पर ब − प = 2 (भ − ब) ...(4)

समीकरण (1) तथा (4) से

भ . 2 (भ − ब) =फ (ब − भ)

अर्थात् 2भ + फ = 0 ...(5)

समीकरण (3) तथा (5) के जोड़ने पर ब + 2भ = भ − ब। अतः भ + 2ब = 0। इसलिए अंतिम + उपांतिम का दुगुना = 0 समीकरण का हल प्रदान करेगा।

उदाहरण (1) :

$$\frac{1}{(2य + 1)(4य + 3)} + \frac{1}{(2य + 1)(3य + 2)} = \frac{1}{(2य + 1)(5य + 4)} + \frac{1}{(4य + 3)(3य + 2)}$$

को हल करो।

हल—यहाँ 2य + 1, 3य + 2, 4य + 3 तथा 5य + 4 समांतर श्रेणी में हैं, इनके स्थान पर क्रमशः प, फ, ब तथा भ रखने पर हमारा समीकरण इस प्रकार होगा:

$$\frac{1}{प\ ब} + \frac{1}{प\ फ} = \frac{1}{प\ भ} + \frac{1}{ब\ फ}$$

अतः समीकरण का हल सूत्र 'सोपान्त्यद्वयमन्त्यम्' से प्राप्त होगा।

अर्थात् भ + 2ब = 0

अर्थात् (5य + 4) +2 (4य + 3) = 0

अर्थात् 13य + 10 = 0

अतः $य = -\frac{10}{13}$

उदाहरण (2) :

$$\frac{1}{(य + क)(य + 2क)} + \frac{1}{(य + क)(य + 3क)} = \frac{1}{(य + क)(य + 4क)} + \frac{1}{(य + 2क)(य + 3क)}$$

को हल करो।

हल—चूँकि य + क, य + 2क, य + 3क तथा य + 4क समांतर श्रेणी में हैं, अतः इनके स्थान पर क्रमशः प, फ, ब एवं भ रखने पर हमारा समीकरण

$$\frac{1}{प\ फ} + \frac{1}{प\ ब} = \frac{1}{प\ भ} + \frac{1}{फ\ ब}$$ होगा।

इस समीकरण का हल सूत्र 'सोपान्त्यद्वयमन्त्यम्' सूत्र से भ + 2ब = 0

अर्थात् $(य + 4क) + 2\ (य + 3क) = 0$

अर्थात् $3य + 10क = 0,$

अतः $य = -\frac{10क}{3}$

III. तृतीय प्रकार

तृतीय प्रकार के समीकरण में वाम पक्ष के भिन्न में स्वतंत्र पदों को छोड़कर अंश और हर का जो अनुपात होता है, वही दक्षिण पक्ष के अंश और हर का होता है। इन्हें 'अन्त्ययोरेव' अर्थात् केवल अंतिम पद या केवल स्वतंत्र पद द्वारा तुरंत हल किया जा सकता है। कहने का अर्थ है—

$$\frac{क\ प + ब}{क\ फ + भ} = \frac{प}{फ}$$

तो $$\frac{प}{फ} = \frac{ब}{भ}$$

उदाहरण (1) :

$$\frac{6य^2 + 4य + 3}{4य^2 + 10य + 7} = \frac{3य + 2}{2य + 5}$$ को हल करो।

हल— $$\frac{2य(3य + 2) + 3}{2य(2य + 5) + 7} = \frac{3य + 2}{2य + 5}$$

अतः $\frac{3य + 2}{2य + 5} = \frac{3}{7}$ (उपसूत्र 'अन्त्ययोरेव' से)

इसलिए $$य = \frac{5\times3 - 2\times7}{3\times7 - 2\times3}$$

$$= \frac{1}{15}$$

उदाहरण (2) :

$\frac{(2य + प)^2}{(2य + फ)^2} = \frac{य + प}{य + फ}$ को हल करो।

हल— $$\frac{4य(य + प) + प^2}{4य(य + फ) + फ^2} = \frac{य + प}{य + फ}$$

अतः $\frac{य + प}{य + फ} = \frac{प^2}{फ^2}$ (उपसूत्र 'अन्त्ययोरेव' से)

इसलिए $$य = \frac{प^2फ - प\ फ^2}{फ^2 - प^2}$$

$$= \frac{- प\ फ}{प + फ}$$

उदाहरण (3) :

$\frac{(य + 2)\ (य + 3)}{(य + 1)\ (य + 5)} = \frac{य + 5}{य + 6}$ को हल करो।

हल— $$\frac{(य + 5)\ य + 6}{(य + 6)\ य + 5} = \frac{य + 5}{य + 6}$$

अर्थात् $\dfrac{\text{य} + 5}{\text{य} + 6} = \dfrac{6}{5}$ (उपसूत्र 'अन्त्ययोरेव' के प्रयोग से)

अतः य = – 11 (सूत्र 'शून्यं साम्य समुच्चये' से)

उदाहरण (4) : (य + प)(य + फ)(य + त + थ) = (य + त)(य + थ)(य + प + फ) को हल करो।

हल— यहाँ दोनों पक्षों में द्विपदों का योग 3य + प + फ + त + थ है; किंतु 'शून्यं साम्य समुच्चये' सूत्र नहीं लगता। दिए हुए समीकरण को निम्न रूप में लिखने पर—

$$\frac{(\text{य} + \text{प})\ (\text{य} + \text{फ})}{(\text{य} + \text{त})\ (\text{य} + \text{थ})} = \frac{\text{य} + \text{प} \div \text{फ}}{\text{य} + \text{त} + \text{थ}} \text{ ।}$$

इस स्थिति में समीकरण 'अन्त्ययोरेव' सूत्र द्वारा हल किया जा सकता है।

$$\frac{\text{य}(\text{य} + \text{प} + \text{फ}) + \text{प फ}}{\text{य}(\text{य} + \text{त} + \text{थ}) + \text{त थ}} = \frac{\text{य} + \text{प} + \text{फ}}{\text{य} + \text{त} + \text{थ}}$$

अर्थात् $\dfrac{\text{य} + \text{प} + \text{फ}}{\text{य} + \text{त} + \text{थ}} = \dfrac{\text{पफ}}{\text{तथ}}$

अतः $\text{य} = \dfrac{\text{प फ}\ (\text{त} + \text{थ}) - \text{त थ}\ (\text{प} + \text{फ})}{\text{त थ} - \text{प फ}}$

IV. चतुर्थ प्रकार

सरल समीकरणों को हल करते समय भिन्नों के योग का एक विशेष स्वरूप सम्मुख आता है, जिसमें हरों के घटक समांतर श्रेणी में रहते हैं अथवा श्रेणी संकलन के समान आपस में विशेष संबंध रखते हैं। इन्हें हम 'अन्त्ययोरेव' सूत्र द्वारा तत्काल ही हल कर सकते हैं, यद्यपि यहाँ इस सूत्र की व्याख्या कुछ भिन्न प्रकार है।

(क) प्रथम उपसंभाग—इस प्रकार के प्रथम उपसंभाग में ये घटक समांतर श्रेणी में होते हैं। यथा—

$$\frac{1}{(य + प)(य + 2प)} + \frac{1}{(य + 2प)(य + 3प)} + \frac{1}{(य + 3प)(य + 4प)} + \ldots$$

$$\frac{1}{(य + न प)\{य + (न + 1)प\}} = \frac{न}{(य + क)(य + ख)}$$

'अन्त्ययोरेव' उपसूत्र के अनुसार श्रेणी के योग को भिन्न के रूप में प्राप्त किया जा सकता है। इस भिन्न का अंश श्रेणी के अंशों का योग है तथा उसका हर दोनों अंशों का गुणनफल है; अर्थात् पहले और अंतिम द्विपदों का गुणनफल है।

अतः $$\frac{न}{(य + प)\{य + (न + 1)प\}} = \frac{न}{(य + क)(य + ख)}$$

अर्थात् $$(य + क)(य + ख) = (य + प)\{य + (न + 1)प\}$$

अतः $$य = \frac{(न + 1)प^2 - क ख}{क + ख - (न + 2)प}$$

वामपक्ष की श्रेणी का योग निकालने के लिए—

प्रथम पद $$= \frac{1}{प}\left\{\frac{1}{य + प} - \frac{1}{य + 2प}\right\}$$

द्वितीय पद $$= \frac{1}{प}\left\{\frac{1}{प + 2प} - \frac{1}{य + 3प}\right\}$$

तृतीय पद $$= \frac{1}{प}\left\{\frac{1}{प + 3प} - \frac{1}{य + 4प}\right\}$$

....

....

अंतिम पद $$= \frac{1}{प}\left\{\frac{1}{य + नप} - \frac{1}{य + (न + 1)प}\right\}$$

श्रेणी का योग $$= \frac{1}{प}\left\{\frac{1}{य + प} - \frac{1}{य + (न + 1)प}\right\}$$

$$= \frac{न}{(य + प)\{य + (न + 1)प\}}$$

(ख) द्वितीय उपसंभाग—सरल समीकरणों को हल करते समय भिन्नों के योग का अन्य स्वरूप जो दिखाई देता है, वह प्रायः श्रेणी संकलन के समय मिलता है तथा 'अन्त्ययोरेव' उपसूत्र द्वारा तत्काल ही उनका योग निकाला जा सकता है। इनकी लाक्षणिक विशेषता यह है कि इनके अंश इनके हर के द्विपदों के अंतर के बराबर होते हैं। यथा; समीकरण—

$$\frac{\text{फ} - \text{प}}{(\text{य} + \text{प})\,(\text{य} + \text{फ})} + \frac{\text{ब} - \text{फ}}{(\text{य} + \text{फ})\,(\text{य} + \text{ब})} + \frac{\text{भ} - \text{ब}}{(\text{य} + \text{ब})\,(\text{य} + \text{भ})} + \ldots$$

$$\ldots\ldots\ldots\ldots + \frac{\text{थ} - \text{त}}{(\text{य} + \text{त})\,(\text{य} + \text{थ})} = \frac{\text{थ} - \text{प}}{(\text{य} + \text{क})\,(\text{य} + \text{ख})}$$

'अन्त्ययोरेव' उपसूत्र के अनुप्रयोग से

$$\frac{(\text{य} + \text{थ}) - (\text{य} + \text{प})}{(\text{य} + \text{प})\,(\text{य} + \text{थ})} = \frac{\text{थ} - \text{प}}{(\text{य} + \text{क})\,(\text{य} + \text{ख})}$$

अर्थात् $(\text{य} + \text{क})\,(\text{य} + \text{ख}) = (\text{य} + \text{प})\,(\text{य} + \text{थ})$

अतः $\text{य} = \dfrac{\text{प}\,\text{थ} - \text{क}\,\text{ख}}{\text{क} + \text{ख} - \text{प} - \text{थ}}$

वाम पक्ष की श्रेणी का योग निकालने के लिए—

प्रथम पद $= \dfrac{1}{\text{य} + \text{प}} - \dfrac{1}{\text{य} + \text{फ}}$

द्वितीय पद $= \dfrac{1}{\text{य} + \text{फ}} - \dfrac{1}{\text{य} + \text{ब}}$

तृतीय पद $= \dfrac{1}{\text{य} + \text{ब}} - \dfrac{1}{\text{य} + \text{भ}}$

....

....

अंतिम पद $= \dfrac{1}{\text{य} + \text{त}} - \dfrac{1}{\text{य} + \text{थ}}$

श्रेणी का योग $= \dfrac{1}{\text{य} + \text{प}} - \dfrac{1}{\text{य} + \text{थ}}$

$= \dfrac{\text{थ} - \text{प}}{(\text{य} + \text{प})\ (\text{य} + \text{थ})}$

उदाहरण (1) :

$$\frac{27}{(\text{य} + 8)\ (\text{य} + 35)} + \frac{37}{(\text{य} + 35)\ (\text{य} + 72)} + \frac{33}{(\text{य} + 72)\ (\text{य} + 105)} = \frac{97}{(\text{य} + 2)\ (\text{य} + 5)}$$

को हल करो।

हल—उक्त समीकरण को हम इस प्रकार लिखेंगे—

$$\frac{105 - 8}{(\text{य} + 8)\ (\text{य} + 105)} = \frac{97}{(\text{य} + 2)\ (\text{य} + 5)}$$

(उपसूत्र 'अन्त्ययोरेव' के अनुप्रयोग से)

अर्थात् $(\text{य} + 2)\ (\text{य} + 5) = (\text{य} + 8)\ (\text{य} + 105)$

अतः $\text{य} = \dfrac{8 \times 105 - 2 \times 5}{2 + 5 - 8 - 105}$

$= -\dfrac{830}{106} = -\dfrac{415}{53}$

उदाहरण (2) :

$$\frac{\text{य} + 5}{\text{य}\ (2\text{य} + 5)} + \frac{\text{य} + 10}{(2\text{य} + 5)\ (3\text{य} + 15)} + \frac{\text{य} + 15}{(3\text{य} + 15)\ (4\text{य} + 30)} = \frac{3\text{य} + 10}{(\text{य} + 8)\ (4\text{य} + 30)}$$

को हल करो।

हल— $$\frac{(4य + 30) - य}{य\,(4य + 30)} = \frac{3य + 10}{(य + 8)\,(4य + 30)}$$

(उपसूत्र 'अन्त्ययोरेव' के अनुप्रयोग से)

अर्थात् $$\frac{3य + 30}{य} = \frac{3य + 10}{य + 8}$$

अर्थात् $(3य + 30)\,(य + 8) = य\,(3य + 10)$

अतः $$य = \frac{-30 \times 8}{24 + 30 - 10}$$

$$= -\frac{60}{11}$$

उदाहरण (3) :

$$\frac{य + 5}{य\,(2य + 5)} + \frac{2य + 10}{(2य + 5)\,(4य + 15)}$$

$$+ \frac{3य + 15}{(4य + 15)\,(7य + 30)} + \frac{4य + 20}{(7य + 30)\,(11य + 50)} = \frac{8य + 49}{य(11य + 50)}$$

को हल करो।

हल—उपर्युक्त समीकरण के वामपक्ष का योग ज्ञात करने हेतु 'अन्त्ययोरेव' उपसूत्र लगाने पर समीकरण—

$$\frac{(11य + 50) - य}{य\,(11य + 50)} = \frac{8य + 49}{य\,(11य + 50)}$$

अर्थात् $10य + 50 = 8य + 49$

अतः $$य = -\frac{1}{2}$$

❑

अध्याय 10

द्विघात समीकरण

कलन का प्रयोग वैदिक गणित के प्रारंभिक सूत्रों में ही दिखाई देना शुरू हो जाता है। द्विघात समीकरण के लिए उपयोगी वैदिक सूत्रों का अध्ययन करने के लिए कलन की जानकारी आवश्यक है। इसके मुख्य नियम इस प्रकार हैं :

(i) आश्रित चर र की स्वतंत्र चर य के सापेक्ष अवकल गुणन-संख्या र की य के सापेक्ष परिवर्तन की दर होती है।

(ii) $य^{न}$ की य के सापेक्ष प्रथम अवकल गुणन-संख्या $न.य^{न-1}$ होती है; अर्थात् चर राशि के स्थिर घात रूपीय पद की प्रथम अवकल गुणन-संख्या घात को उसकी गुणन-संख्या के रूप में बदलकर एवं घात को एक कम कर प्राप्त किया जाता है। यथा; $य^2 + 5य - 6$ का प्रथम अवकल निकालते समय $य^2$ का प्रथम अवकल 2य, 5य का प्रथम अवकल 5 तथा 6 का प्रथम अवकल 0 होने के कारण व्यंजक का प्रथम अवकल = 2य + 5

(iii) प्रत्येक द्विघात व्यंजक (जिसमें $य^2$ की गुणन-संख्या 1 करके मानक रूप प्रदान किया गया है) में उसके द्विपद गुणकों का योग उसके प्रथम अवकल के बराबर होता है। यथा; द्विघात व्यंजक $य^2 + 5य - 6$ के द्विपद गुणकों य + 6, य - 1 का योग (य - 6) + (य - 1) = $य^2 + 5य - 6$ का प्रथम अवकल 2य + 5।

(iv) वर्ग समीकरण के प्रकरण में द्विघात बहुपद का प्रथम-अवकल विवेचक के वर्गमूल के समान होता है, जहाँ विवेचक से तात्पर्य मध्य पद की गुणन-संख्या के वर्ग में से प्रथम पद की गुणन-संख्या के दुगुने तथा स्वतंत्र पद के दुगुने के गुणनफल को घटाने से प्राप्त फल से है। समीकरण $य^2 + 5य - 6 = 0$ के प्रकरण में—

$$2य + 5 = \pm \sqrt{5^2 - 2(-12)}$$

अर्थात् $\quad 2य + 5 = \pm 7$

इस प्रकार दिए गए द्विघाती समीकरण को मन-ही-मन दो सरल समीकरणों में बाँटा जा सकता है: $2य + 5 = 7$ तथा $2य + 5 = -7$

अत: $\quad य = 1, - 6$

प्रचलित आधुनिक विधि सामान्य द्विघाती समीकरण $प\, य^2 + फ\, य + ब + 0$ का हल—

$$य = \frac{- फ \pm \sqrt{फ^2 - 4\, प\, ब}}{2प}$$ देती है।

यह विधि वैदिक सूत्र 'चलित-कलित वर्गो विवेचक:' का अपरिष्कृत रूप ही है। भारतीय गणितज्ञ श्री श्रीधराचार्य द्वारा दी गई विधि इस प्रचलित विधि से यद्यपि कुछ अच्छी है, परंतु 'चलित-कलित वर्गो विवेचक:' का कोई साम्य नहीं। इससे हमें दो नियम प्राप्त होते हैं—

(i) प्रथम अवकल उसके द्विपद गुणकों के योग के बराबर होता है। तथा

(ii) वह विवेचक के वर्गमूल के बराबर है।

इनसे दिया गया द्विघात समीकरण मन-ही-मन दो सरल समीकरणों में विभक्त किया जा सकता है और तत्काल उसके दोनों मान प्राप्त हो जाते हैं। अब हम कुछ विशेष प्रकार के द्विघात समीकरणों पर विचार करेंगे, जो विशेष सूत्रों के माध्यम से अपेक्षाकृत सरल रीति से हल किए जा सकते हैं।

I. प्रथम प्रकार (परस्पर व्युत्क्रम राशियों का योग या अंतर)

प्रचलित विधि में $य + \frac{1}{य} = प$ जैसे समीकरणों को हल करने में बहुत परेशानी का सामना करना पड़ता है। यथा—

समीकरण $य + \frac{1}{य} = \frac{17}{4}$ के प्रकरण में हम प्रचलित विधि द्वारा हल इस प्रकार करेंगे—

$$4 य \quad य + 4 = 17 य$$

अर्थात् $4 य^2 - 17 य + 4 = 0$

अर्थात् $4 य^2 - 16य - य + 4 = 0$

अर्थात् $4य (य - 4) - (य - 4) = 0$

अर्थात् $(य - 4)(4य - 1) = 0$

अर्थात् $य - 4 = 0$ अथवा $4 य - 1 = 0$

अतः $य = 4, \frac{1}{4}$

वैदिक उपसूत्र 'विलोकनम्' के अनुप्रयोग से हम देखते हैं कि वामपक्ष दो व्युत्क्रमों का योग है। अतः दाहिने पक्ष के $\frac{17}{4}$ को भी दो व्युत्क्रमों में बाँटकर हम तत्काल ही कह सकते हैं कि $य + \frac{1}{य} = 4 + \frac{1}{4}$

अतः $य = 4$ अथवा $\frac{1}{4}$

यह सारी प्रक्रिया मात्र एक सरल अवलोकन की बात है।

अन्य उदाहरण :

(1) $य + \frac{1}{य} = 2 = \Rightarrow य + \frac{1}{य} = 1 + 1 \Rightarrow य = 1, 1$

(2) $य + \frac{1}{य + 1} = \frac{13}{4} \Rightarrow (य + 1) + \frac{1}{(य + 1)} = 4 + \frac{1}{4}$

$$\Rightarrow य + 1 = 4, \frac{1}{4} \Rightarrow य = 3, -\frac{3}{4}$$

(3) $\frac{य + 2}{य - 1} + \frac{य - 1}{य + 2} = \frac{10}{3} \Rightarrow \frac{य + 2}{य - 1} + \frac{य - 1}{य + 2} = 3 + \frac{1}{3}$

$\Rightarrow \frac{य + 2}{य - 1} = 3, \frac{1}{3} \Rightarrow य = \frac{5}{2}, -\frac{7}{2}$

(4) $य - \frac{1}{य} = \frac{8}{3} \Rightarrow य - \frac{1}{य} = 3 - \frac{1}{3} \Rightarrow य = 3, -\frac{1}{3}$

(5) $\frac{1}{य + 2} + \frac{1}{य + 5} = \frac{1}{2} \Rightarrow \frac{3}{य + 2} + \frac{3}{य + 5} = \frac{3}{2}$

$\Rightarrow \frac{य + 5}{य + 2} - \frac{य + 2}{य + 5} = \frac{3}{2} \Rightarrow \frac{य + 5}{य + 2} - \frac{य + 2}{य + 5} = 2 - \frac{1}{2}$

$\Rightarrow \frac{य + 5}{य + 2} = 2, -\frac{1}{2} \Rightarrow य = 1, -4$

(6) $\frac{1}{य + 4} - \frac{1}{य + 9} = \frac{1}{10} \Rightarrow \frac{5}{य + 4} - \frac{5}{य + 9} = \frac{1}{2}$

$\Rightarrow \frac{य + 9}{य + 4} + \frac{य + 4}{य + 9} = 2\frac{1}{2} \Rightarrow \frac{य + 9}{य + 4} = 2, \frac{1}{2}$

$\Rightarrow य = 1, -14$

(7) $\frac{3}{3य + 2} - \frac{2}{2य + 3} = \frac{1}{5} \Rightarrow \frac{6}{6य + 4} - \frac{6}{6य + 9} = \frac{1}{5}$

$\Rightarrow \frac{1}{6य + 4} - \frac{1}{6य + 9} = \frac{1}{30} \Rightarrow \frac{5}{6य + 4} - \frac{5}{6य + 9} = \frac{1}{6}$

$\Rightarrow \frac{6य + 9}{6य + 4} + \frac{6य + 4}{6य + 9} = 2\frac{1}{6}$

यहाँ दाहिने पक्ष को दो परस्पर व्युत्क्रम संख्याओं के योग के रूप में प्रदर्शित करने में परेशानी आ रही है। दाहिने पक्ष को यदि $\frac{प}{फ} + \frac{फ}{प}$ लिखें, तब $\frac{प^2 + फ^2}{प\ फ} = \frac{13}{6}$

दाहिनी ओर की भिन्न के हर के गुणनखंड 2×3 हैं तथा अंश में $2^2 + 3^2 = 13$

अतः $$\frac{प}{फ} = \frac{2}{3}, \frac{3}{2}$$

$$\therefore \quad \frac{6य + 9}{6य + 4} + \frac{6य + 4}{6य + 9} = \frac{2}{3} + \frac{3}{2}$$

अंतः $$\frac{6य + 9}{6य + 4} = \frac{2}{3}, \frac{3}{2}$$

$$\Rightarrow य = -\frac{19}{6}, 1$$

टिप्पणी—वामपक्ष का रूप $\frac{प}{फ} \pm \frac{फ}{प}$ होने पर दाहिनी ओर की संख्या को भी इस रूप में बाँटना होता है। इसके लिए दाहिने पक्ष के हर को दो भागों में इस तरह गुणनखंड करना होता है कि उनके वर्गों का योग अथवा अंतर अंश के बराबर हो।

अभ्यास प्रश्न—निम्नलिखित समीकरणों को हल करो—

(1) $य + \frac{1}{य} = \frac{26}{5}$

(2) $य + \dfrac{1}{य - 1} = \dfrac{21}{4}$

(3) $य - \dfrac{1}{य} = \dfrac{7}{3}$

(4) $\dfrac{1}{य + 3} - \dfrac{1}{य + 5} = \dfrac{1}{4}$

(5) $\dfrac{1}{य + 1} + \dfrac{1}{य + 3} = \dfrac{3}{4}$

II. द्वितीय प्रकार

अब हम द्वितीय प्रकार के द्विघात समीकरणों पर आते हैं, जो सूत्र 'शून्यं साम्य समुच्चये' की सहायता से मन-ही-मन हल किए जा सकते हैं। इस प्रकार के द्विघात समीकरण के वाम तथा दक्षिण पक्ष बीजगणितीय भिन्न होते हैं। ऐसे समीकरणों में प $(अंश_1 \pm अंश_2) =$ फ$(हर_1 \pm हर_2)$ होने की स्थिति में प्रथम मूल $अंश_1 \pm अंश_2 = 0$ से प्राप्त होगा एवं त$(अंश_1 \pm हर_1) =$ थ$(अंश_2 \pm हर_2)$ होने की स्थिति में द्वितीय मूल $अंश_1 \pm हर_1 = 0$ से प्राप्त होगा। यथा—

समीकरण $\dfrac{16य - 5}{7य + 5} = \dfrac{2य - 13}{11य - 23}$ के हल ज्ञात करने के प्रकरण में

$$अंश_1 + अंश_2 = (16य - 5) + (2य - 13)$$
$$= 18य - 18$$
$$हर_1 + हर_2 = (7य + 5) + (11य - 23)$$
$$= 18य - 18$$
$$\because \quad अंश_1 + अंश_2 = हर_1 + हर_2$$

अतः प्रथम मूल $18य - 18 = 0$ से $य = 1$ प्राप्त होता है।

पुनः
$$अंश_1 - हर_1 = (16य - 5) - (7य + 5)$$
$$= 9य - 10$$
$$अंश_2 - हर_2 = (2य - 13) - (11य - 23)$$
$$= - 9य + 10$$
$$= - (अंश_1 - हर_1)$$

अतः द्वितीय मूल 9य − 10 = 0 से य = $\frac{10}{9}$ प्राप्त होता है।

अन्य उदाहरण :

(1) समीकरण $\frac{7य - 11}{2य - 11} = \frac{9य - 8}{14य - 8}$ के हल के प्रकरण में

अंश$_1$ + अंश$_2$ = हर$_1$ + हर$_2$ = 16य − 19

तथा अंश$_1$ − हर$_1$ = − (अंश$_2$ − हर$_2$) = 5य

अतः समीकरण के मूल 16य − 19 = 0 अथवा 5य = 0 से

य = $\frac{19}{16}$, 0 प्राप्त होते हैं।

(2) समीकरण $\frac{6य + 5}{8य - 5} = \frac{8य + 7}{6य + 17}$ के हल के प्रकरण में

अंश$_1$ + अंश$_2$ = हर$_1$ + हर$_2$ = 14य + 12

अंश$_1$ − हर$_1$ = − (अंश$_2$ − हर$_2$) = −2य + 10

अतः समीकरण के मूल 14य + 12 = 0 अथवा −2य + 10 = 0 से

य = − $\frac{6}{7}$, 5 प्राप्त होते हैं।

(3) समीकरण $\frac{3य + 2}{6य + 5} = \frac{5य + 4}{2य + 1}$ के हल के प्रकरण में

अंश$_1$ − हर$_1$ = − (अंश$_2$ − हर$_2$) = − 3य − 3

तथा अंश$_1$ + अंश$_2$ = हर$_1$ + हर$_2$ = 8य + 6

अतः समीकरण के हल −3य − 3 = 0 अथवा 8 य + 6 = 0 से

य = − $\frac{3}{4}$, −1 प्राप्त होते हैं।

III. तृतीय विशिष्ट प्रकार

एक तीसरे प्रकार का द्विघात समीकरण

$$\frac{प + ट}{य + (प + ट)} + \frac{फ - ट}{य + (फ - ट)} = \frac{प}{य + प} + \frac{फ}{य + फ}$$

है, जो कि बहुत ही कठिन समझा जाता है; किंतु इसका एक मूल 'शून्यमन्यत्' के द्वारा तत्काल निकाला जा सकता है और दूसरा मूल 'शून्यं साम्य समुच्चये' सूत्र द्वारा निकाला जा सकता है। इस विशिष्ट प्रकार के समीकरण के लक्षणों की पहचान के लिए निम्न परीक्षण है :

(i) प्रत्येक भिन्न के अंश तथा हर के निरपेक्ष पद समान होते हैं।

(ii) $अंश_1 + अंश_2 = अंश_3 + अंश_4$ होते हैं।

(iii) प्रत्येक हर के एक घातीय पद की गुणन-संख्या समान होती है।

इस प्रकार के सभी समीकरणों में 'शून्यमन्यत्' सूत्र के अनुसार एक मूल शून्य होता है तथा दूसरे मूल का 'शून्यं साम्य समुच्चये' द्वारा निकल आता है।

अर्थात् $हर_1 + हर_2 = 0$ द्वारा $2य + (प + फ) = 0$

अर्थात् $य = -\frac{प + फ}{2}$

उपपत्ति— समीकरण में आई भिन्नों के अंश से निरपेक्ष पद समाप्त करने पर

$$1 - \frac{य}{य + प + ट} + 1 - \frac{य}{य + फ - ट} = 1 - \frac{य}{य + प} + 1 - \frac{य}{य + फ}$$

अर्थात् $\frac{(-य)}{य + प + ट} + \frac{(-य)}{य + फ - ट} = \frac{(-य)}{य + प} + \frac{(-य)}{य + फ}$

अर्थात् $य = 0$

अथवा $\frac{1}{य + प + ट} + \frac{1}{य + फ - ट} = \frac{1}{य + प} + \frac{1}{य + फ}$

अर्थात् $य = 0$

अथवा $\frac{\text{य} + \text{फ} - \text{ट} + \text{य} + \text{प} + \text{ट}}{(\text{य} + \text{प} + \text{ट})(\text{य} + \text{फ} - \text{ट})} = \frac{\text{य} + \text{फ} + \text{य} + \text{प}}{(\text{य} + \text{प})(\text{य} + \text{फ})}$

अतः य = 0 अथवा 2य + प + फ = 0

अर्थात् य $= 0, -\frac{\text{प} + \text{फ}}{2}$

उदाहरण (1) : समीकरण $\frac{2}{\text{य} + 2} + \frac{3}{\text{य} + 3} = \frac{1}{\text{य} + 1} + \frac{4}{\text{य} + 4}$ को हल करो।

हल— परीक्षण (i) $\frac{2}{2} + \frac{3}{3} = \frac{1}{1} + \frac{4}{4}$ $(\because 1 + 1 = 1 + 1)$

(ii) $\text{हर}_1 + \text{हर}_2 = \text{हर}_3 + \text{हर}_4 = 2\text{य} + 5$

(iii) एक घातीय पदों की गुणन-संख्या समान (1) है

अतः शून्यमन्यत् सूत्र से य = 0

तथा शून्यं साम्य समुच्चये सूत्र से 2य + 5 = 0 अर्थात् य $= -\frac{5}{2}$

उत्तर— य = 0, – 5/2

उदाहरण (2) : $\frac{7}{\text{य} + 7} + \frac{5}{\text{य} + 5} = \frac{3}{\text{य} + 3} + \frac{9}{\text{य} + 9}$ को हल करो।

हल— 'शून्यमन्यत्' सूत्र से य = 0

'शून्यं साम्य समुच्चये' सूत्र से (य + 7) + (य + 5) = (य + 3) + (य + 9) होने के कारण दूसरा मूल 2य + 12 = 0 से य = – 6

उत्तर : य = 0, – 6

उदाहरण (3) : $\frac{9}{य + 9} + \frac{4}{य + 4} = \frac{2}{य + 2} + \frac{11}{य + 11}$ को हल करो।

हल— सूत्र 'शून्यमन्यत्' से य = 0

$\because$ (य + 9) + (य + 4) = (य + 2) + (य + 11)

अतः सूत्र शून्यं साम्य समुच्चये से 2य + 13 = 0

अर्थात् य = $-\frac{13}{2}$

उत्तर : य = 0, $-\frac{13}{2}$

उदाहरण (4) : $\frac{3}{2य + 3} + \frac{2}{3य + 2} = \frac{2}{य + 2} + \frac{1}{6य + 1}$ को हल करो।

हल—एक घातीय पदों के गुणांक समान बनाने पर

$$\frac{9}{6य + 9} + \frac{4}{6य + 4} = \frac{12}{6य + 12} + \frac{1}{6य + 1}$$

$$\because \quad \frac{9}{9} + \frac{4}{4} = \frac{12}{12} + \frac{1}{1}$$

अतः सूत्र 'शून्यमन्यत्' से य = 0

$\because$ (6य + 9) + (6य + 4) = (6य + 12) + (6य + 1)

अतः सूत्र 'शून्यं साम्य समुच्चये' के अनुप्रयोग से 12य + 13 = 0

अर्थात् य = $-\frac{13}{12}$

उत्तर : य = 0, $-\frac{13}{12}$

उदाहरण (5) : $\frac{प + फ}{य + प + फ} + \frac{फ + ब}{य + फ + ब} = \frac{2फ}{य + 2फ} + \frac{प + ब}{य + प + ब}$

को हल करो।

हल— सूत्र 'शून्यमन्यत्' से य = 0

$\because$ (य + प + फ) + (य + फ + ब) = (य + 2फ) + य + प + ब

अतः सूत्र 'शून्यं साम्य समुच्चये' के अनुप्रयोग से

2य + प + 2फ + ब = 0

अर्थात् $य = - \frac{प + 2फ + ब}{2}$

IV. चतुर्थ विशिष्ट प्रकार

एक अन्य विशिष्ट प्रकार का कठिन द्विघात समीकरण,

$$\frac{म\ प}{क\ य + प} + \frac{न\ फ}{ख\ य + फ} = \frac{(म + न)\ ब}{ग\ य + ब}$$

है; जिसका हल सूत्र 'शून्यमन्यत्' तथा 'परावर्त्य योजयेत्' (विलयन विधि) की सहायता से सुगमतापूर्वक निकाल सकते हैं।

$$म - \frac{क\ म\ य}{क\ य + प} + न - \frac{ख\ न\ य}{ख\ य + फ} = म + न - \frac{ग(म + न)य}{ग\ य + ब}$$

अर्थात् य = 0, $\frac{क\ म}{क\ य + प} + \frac{ख\ न}{ख\ य + फ} = \frac{ग(म + न)}{ग\ य + ब}$

अर्थात् य = 0,

$$\left(\frac{क\ म}{क\ य + प} - \frac{ग\ म}{ग\ य + ब}\right) + \left(\frac{ख\ न}{ख\ य + फ} - \frac{ग\ न}{ग\ य + ब}\right) = 0$$

अर्थात् य = 0, $\frac{म\ (क\ ब - ग\ प)}{क\ य + प} + \frac{न\ (ख\ ब - ग\ फ)}{ख\ य + फ} = 0$

अर्थात् य = 0,

$$म\,(क\,ब - ग\,प)(ख\,य + फ) + न\,(ख\,ब - ग\,फ)(क\,य + प) = 0$$

$$\text{अर्थात्}\; य = 0, -\left(\frac{प\,न\,(ख\,ब - ग\,फ) + फ\,म(क\,ब - ग\,प)}{क\,न\,(ख\,ब - ग\,फ) + ख\,म(क\,ब - ग\,प)}\right)$$

उपर्युक्त प्रकार के समीकरण का निम्न परीक्षण है :

$$\frac{अंश_1}{हर_1 \text{ का स्वतंत्र पद}} + \frac{अंश_2}{हर_2 \text{ का स्वतंत्र पद}} = \frac{अंश_3}{हर_3 \text{ का स्वतंत्र पद}}$$

इस प्रकार के समीकरणों के दक्षिण पक्ष के अंश को

$$\frac{अंश_1}{हर_1 \text{ का स्वतंत्र पद}} : \frac{अंश_2}{हर_2 \text{ का स्वतंत्र पद}}$$

के अनुपात में विभाजित कर 'शून्यमन्यत्' तथा 'परावर्त्य' सूत्रों की सहायता से हल कर सकते हैं।

$$\frac{म\,प}{क\,य + प} + \frac{न\,फ}{ख\,य + फ} = \frac{म\,ब}{ग\,य + ब} + \frac{न\,ब}{ग\,य + ब}$$

$$\text{अर्थात्}\; \left(\frac{म\,प}{क\,य + प} - \frac{म\,ब}{ग\,य + ब}\right) + \left(\frac{न\,फ}{ख\,य + फ} - \frac{न\,ब}{ग\,य + ब}\right) = 0$$

$$\text{अर्थात्}\quad \frac{म\,य\,(प\,ग - ब\,क)}{क\,य + प} + \frac{न\,य\,(फ\,ग - ब\,ख)}{ख\,य + फ} = 0$$

$$\text{अतः}\; य = 0\,, \quad \frac{म\,(प\,ग - ब\,क)}{क\,य + प} + \frac{न\,(फ\,ग - ब\,ख)}{ख\,य + फ} = 0$$

उदाहरण (1) : $\frac{5}{य + 1} + \frac{6}{य + 3} = \frac{14}{य + 2}$ को हल करो।

हल— परीक्षण $\frac{5}{1} + \frac{6}{3} = \frac{14}{2}$

अतः सूत्र 'शून्यमन्यत्' के अनुप्रयोग से य = 0 तथा विकल्पतः

$$\frac{5}{य + 1} + \frac{2}{य + 3} = \frac{7}{य + 2}$$

अर्थात् $\frac{5\times(1-2)}{य + 1} + \frac{2\times(3-2)}{य + 3} = 0$

[सूत्र 'परावर्त्य योजयेत' के अनुप्रयोग से विलयन विधि द्वारा]

अर्थात् $\frac{2}{य + 3} - \frac{5}{य + 1} = 0$

अतः य = $-\frac{13}{3}$

उत्तर : य = 0, $-\frac{13}{3}$

उदाहरण (2) : $\frac{6}{2य + 3} + \frac{1}{5य + 1} = \frac{9}{7य + 3}$ को हल करो।

हल— परीक्षण $\frac{6}{3} + \frac{1}{1} = \frac{9}{3}$

अतः 'शून्यमन्यत्' सूत्र से य = 0 एवं विकल्पतः

$$\frac{4}{2य + 3} + \frac{5}{5य + 1} = \frac{21}{7य + 3}$$

$\because$ $\frac{4}{2} + \frac{5}{5} = \frac{21}{7}$

समीकरण विलयन विधि द्वारा हल किया जाएगा।

21 को $\frac{4}{2} : \frac{5}{5}$ अर्थात् 2 : 1 में विभक्त करने पर खंड 14 तथा 7

अतः समीकरण $\frac{4}{2य + 3} + \frac{5}{5य + 1} = \frac{14}{7य + 3} + \frac{7}{7य + 3}$

'परावर्त्य' सूत्र लगाने पर

$$\left(\frac{4}{2य + 3} - \frac{14}{7य + 3}\right) + \left(\frac{5}{5य + 1} - \frac{7}{7य + 3}\right) = 0$$

अर्थात् $\frac{4\times3 - 14\times3}{2य + 3} + \frac{5\times3 - 7\times1}{5य + 1} = 0$

अर्थात् $\frac{-30}{2य + 3} + \frac{8}{5य + 1} = 0$

अर्थात् $- 150य - 30 + 16य + 24 = 0$

अतः $य = - \frac{6}{134} = - \frac{3}{67}$

उत्तर : $य = 0, - \frac{3}{67}$

उदाहरण (4) : $\frac{1}{प\ य + क} + \frac{2}{फ\ य + क} = \frac{3}{ब\ य + क}$ को हल करो।

हल— $\frac{1}{क} + \frac{2}{क} = \frac{3}{क}$

अतः सूत्र 'शून्यमन्यत्' का अनुप्रयोग है, जिससे य = 0 तथा विकल्पतः

$$\frac{प}{प\ य + क} + \frac{2फ}{फ\ य + क} = \frac{3ब}{ब\ य + क}$$

अब विलोपन विधि से—

$$\left(\frac{\text{प}}{\text{प य + क}} - \frac{\text{ब}}{\text{ब य + क}}\right) + \left(\frac{\text{2फ}}{\text{फ य + क}} - \frac{\text{2ब}}{\text{ब य + क}}\right) = 0$$

अर्थात् $$\frac{\text{प क - ब क}}{\text{प य + क}} + \frac{\text{2फ क - 2ब क}}{\text{फ य + क}} = 0$$

अर्थात् $$(\text{प} - \text{ब})(\text{फ य} + \text{क}) + 2(\text{फ} - \text{ब})(\text{प य} + \text{क}) = 0$$

अतः $$\text{य} = -\frac{(\text{प}-\text{ब})\text{क} + 2(\text{फ}-\text{ब})\text{क}}{(\text{प}-\text{ब})\text{फ} + 2(\text{फ} - \text{ब})\ \text{प}}$$

$$= \frac{(\text{प} + 2\text{फ} - 3\text{ब})\text{क}}{-3\text{प फ} + \text{फ ब} + 2\text{ब प}}$$

उत्तर : $\text{य} = 0, \dfrac{(\text{प} + 2\text{फ} - 3\text{ब})\text{क}}{-3\text{प फ} + \text{फ ब} + 2\text{ ब प}}$

V. पंचम विशिष्ट प्रकार

द्विघात समीकरण का पंचम विशिष्ट प्रकार

$$\frac{\text{क त य + म प}}{\text{क य + प}} + \frac{\text{ख थ य + न फ}}{\text{ख य + फ}} = \frac{\text{ग(त + थ)प + (म + न)ब}}{\text{ग य + ब}}$$

है, जिसका परीक्षण निम्न है :

(i) $$\frac{\text{अंश}_1 \text{ का स्वतंत्र पद}}{\text{हर}_1 \text{ का स्वतंत्र पद}} + \frac{\text{अंश}_2 \text{ का स्वतंत्र पद}}{\text{हर}_2 \text{ का स्वतंत्र पद}} = \frac{\text{अंश}_3 \text{ का स्वतंत्र पद}}{\text{हर}_3 \text{ का स्वतंत्र पद}}$$

(ii) $$\frac{\text{अंश}_1 \text{ का एक घात पद}}{\text{हर}_1 \text{ का एक घात पद}} + \frac{\text{अंश}_2 \text{ का एक घात पद}}{\text{हर}_2 \text{ का एक घात पद}} = \frac{\text{अंश}_3 \text{ का एक घात पद}}{\text{हर}_3 \text{ का एक घात पद}}$$

इस समीकरण को 'शून्यमन्यत्' तथा 'परावर्त्य' सूत्रों के अनुप्रयोग से सरलतापूर्वक हल कर सकते हैं।

समीकरण में आई भिन्नों के लिए भाग क्रिया का सहारा लेते हुए—

$$म + \frac{क\,य(त - म)}{क\,य + प} + न + \frac{ख\,य(थ - न)}{ख\,य + फ} = म + न + \frac{ग\,य(त + थ - म - न)}{ग\,य + ब}$$

अर्थात् य = 0,

$$\frac{क(त - म)}{क\,य + प} + \frac{ख(थ - न)}{ख\,य + फ} = \frac{ग\,(त + थ - म - न)}{ग\,य + ब}$$

'परावर्त्य' सूत्र के अनुप्रयोग से—

$$\frac{क\,(त - म)}{क\,य + प} - \frac{ग\,(त - म)}{ग\,य + ब} = \frac{ग\,(थ - न)}{ग\,य + ब} - \frac{ख\,(थ - न)}{ख\,य + फ}$$

अथवा य = 0

$$\text{अर्थात्}\ \frac{(त - म)\,(क\,ब - ग\,प)}{क\,य + प} = \frac{(थ - न)\,(ग\,फ - ख\,ब)}{ख\,य + फ}$$

अथवा य = 0

$$\text{अर्थात् य} = \frac{प(थ - न)(ग\,फ - ख\,ब) - फ(त - म)(क\,ब - ग\,प)}{ख(त - म)(क\,ब - ग\,प) - क(थ - न)(ग\,फ - ख\,ब)}, 0$$

उदाहरण (1) : समीकरण

$$\frac{क\,य + भ}{य + 6भ} + \frac{ख\,य + भ}{य + 3भ} = \frac{(क + ख)य + भ}{य + 2भ}$$

को हल करो।

हल— परीक्षण (i) $\frac{1}{6} + \frac{1}{3} = \frac{1}{2}$

(ii) $\frac{क}{1} + \frac{ख}{1} = \frac{क + ख}{1}$

अतः 'शून्यमन्यत्' सूत्र से य = 0 एवं विकल्पतः

$$\frac{क - \frac{1}{6}}{य + 6भ} + \frac{ख - \frac{1}{3}}{य + 3भ} = \frac{क + ख - \frac{1}{2}}{य + 2भ}$$

$$\because \quad \left(क - \frac{1}{6}\right) + \left(ख - \frac{1}{3}\right) = \left(क + ख - \frac{1}{2}\right)$$

अतः परावर्त्य सूत्र के अनुप्रयोग की विलयन विधि द्वारा—

$$\frac{(क - \frac{1}{6})(-4भ)}{य + 6भ} + \frac{(ख - \frac{1}{3})(-भ)}{य + 3भ} = 0$$

अर्थात् $(12क - 2)(य + 3भ) + (3ख - 1)(य + 6भ) = 0$

अर्थात् $य = -\left(\frac{12क + 6ख - 4}{4क + ख - 1}\right) भ$

उत्तर : $य = 0, -\left(\frac{12क + 6ख - 4}{4क + ख - 1}\right) भ$

उदाहरण (2) : समीकरण $\frac{10य + 21}{2य + 3} + \frac{9य + 2}{3य + 1} = \frac{40य + 18}{5य + 2}$ को हल करो।

हल— परीक्षण (i) $\frac{21}{3} + \frac{2}{1} = \frac{18}{2}$

(ii) $\frac{10}{2} + \frac{9}{3} = \frac{40}{5}$

अतः शून्यमन्यत् सूत्र से य = 0 तथा विकल्पतः

$$\frac{4}{2य + 3} - \frac{3}{3य + 1} = \frac{5}{5य + 2}$$

अर्थात् $\frac{4}{2य + 3} = \frac{3}{3य + 1} + \frac{5}{5य + 2}$

4 को $\frac{3}{3}$: $\frac{5}{5}$ के अनुपात में विभाजित कर विलयन विधि का प्रयोग करने पर—

$$\frac{2}{2य + 3} - \frac{3}{3य + 1} = \frac{5}{5य + 2} - \frac{2}{2य + 3}$$

अर्थात् $$\frac{2\times1 - 3\times3}{(3य + 1)} = \frac{5\times3 - 2\times2}{(5य + 2)}$$

अर्थात् $$- 7(5य + 2) = 11(3य + 1)$$

अतः $$य = \frac{11 + 7\times2}{- 7\times5 - 11\times3} = - \frac{25}{68}$$

उत्तर : $य = 0, - \frac{25}{68}$

उदाहरण (3) : समीकरण

$$\frac{(प - फ)य + क^2 - ख^2}{प फ य + क + ख} + \frac{(फ - ब)य + ख^2 - ग^2}{फ ब य + ख + ग} = \frac{(प - ब)य + क^2 - ग^2}{प ब य + क + ग}$$

हल— परीक्षण (i) $$\frac{क^2 - ख^2}{क + ख} + \frac{ख^2 - ग^2}{ख + ग} = \frac{क^2 - ग^2}{क + ग}$$

(ii) $$\frac{प - फ}{प फ} + \frac{फ - ब}{फ ब} = \frac{प - ब}{प ब}$$

अतः 'शून्यमन्यत्' सूत्र से य = 0 तथा विकल्पतः

$$\frac{(\text{प} - \text{फ}) - \text{प फ}(\text{क} - \text{ख})}{\text{प फ य} + (\text{क} + \text{ख})} + \frac{(\text{फ} - \text{ब}) - \text{फ ब}(\text{ख} - \text{ग})}{\text{फ ब य} + (\text{ख} + \text{ग})}$$

$$= \frac{(\text{प} - \text{ब}) - \text{प ब}(\text{क} - \text{ग})}{\text{प ब य} + (\text{क} + \text{ग})}$$

अर्थात्

$$\frac{(\text{प ब} - \text{फ ब}) - \text{प फ ब}(\text{क} - \text{ख})}{\text{प फ ब य} + \text{ब}\,(\text{क}+\text{ख})} + \frac{(\text{प फ} - \text{प ब}) - \text{प फ ब}(\text{ख} - \text{ग})}{\text{प फ ब य} + \text{प}\,(\text{ख} + \text{ग})}$$

$$= \frac{(\text{प फ} - \text{फ ब}) - \text{प फ ब}(\text{क} - \text{ग})}{\text{प फ ब य} + \text{फ}\,(\text{क} + \text{ग})}$$

विलयन विधि के अनुप्रयोग से—

$$\frac{\{(\text{प ब} - \text{फ ब}) - \text{प फ ब}(\text{क} - \text{ख})\}\{\text{फ}(\text{क} + \text{ग}) - \text{ब}(\text{क} + \text{ख})\}}{\text{प फ ब य} + \text{ब}\,(\text{क} + \text{ख})}$$

$$+ \frac{(\text{प फ} - \text{प ब}) - \text{प फ ब}(\text{ख} - \text{ग})\}\{\text{फ}(\text{क} + \text{ग}) - \text{प}.(\text{ख} + \text{ग})\}}{\text{प फ ब य} + \text{प}\,(\text{ख} + \text{ग})} = 0$$

अत:

$$\text{य} = -\frac{\left[\begin{array}{c}\text{प}(\text{ख} + \text{ग})\{(\text{प ब} - \text{फ ब}) - \text{प फ ब}(\text{क} - \text{ख})\}\{\text{फ}(\text{क} + \text{ग}) \\ - \text{ब}(\text{क} + \text{ख})\} + \text{ब}(\text{क} + \text{ख})\{(\text{प फ} - \text{प ब}) - \text{प फ ब}(\text{ख} - \text{ग})\} \\ \{\text{फ}(\text{क} + \text{ग}) - \text{प}(\text{ख} + \text{ग})\}\end{array}\right]}{\text{प फ ब}\left[\begin{array}{c}\{(\text{प ब} - \text{फ ब}) - \text{प फ ब}(\text{क} - \text{ख})\}\{\text{फ}(\text{क} + \text{ग}) \\ - \text{ब}(\text{क} + \text{ख})\} + \{(\text{प फ} - \text{प ब}) - \text{प फ ब}(\text{ख} - \text{ग})\} \\ \{\text{फ}(\text{क} + \text{ग}) - \text{प}(\text{ख} + \text{ग})\}\end{array}\right]}$$

उदाहरण (4) : समीकरण $\frac{\text{य} + 5}{6\text{य} + 5} + \frac{\text{य} + 3}{2\text{य} + 3} = \frac{2\text{य} + 8}{3\text{य} + 4}$

को हल करो।

हल— परीक्षण (i) $\frac{5}{5} + \frac{3}{3} = \frac{8}{4}$

(ii) $\frac{1}{6} + \frac{1}{2} = \frac{2}{3}$

अतः 'शून्यमन्यत्' सूत्र के अनुप्रयोग से य = 0 और विकल्पतः

$$\frac{5}{6\text{य} + 5} + \frac{1}{2\text{य} + 3} = \frac{4}{3\text{य} + 4}$$

अर्थात् $$\frac{5}{6\text{य} + 5} + \frac{3}{6\text{य} + 9} = \frac{8}{6\text{य} + 8}$$

विलयन विधि के अनुप्रयोग से $\frac{5\times(8 - 5)}{6\text{य} + 5} + \frac{3\times(8 - 9)}{6\text{य} + 9} = 0$

अर्थात् $$\frac{5}{6\text{य} + 5} = \frac{1}{6\text{य} + 9}$$

अतः $\text{य} = \frac{5\times1 - 9\times5}{6(5 - 1)} = -\frac{5}{3}$

उत्तर : य = 0, – 5/3

❑

अध्याय 11

घन समीकरण

घन समीकरणों को कई प्रकार से हल किया जाता है—

(i) परावर्त्य लोपनस्थापनाभ्याम् एवं पूरणापूरणाभ्याम् आदि उपसूत्रों के अनुप्रयोग से।

एवं (ii) तर्क एवं गुणनखंडन विधि द्वारा।

I. पूरण विधि

समीकरण हल करने की आधुनिक विधियों में पूरण विधि का प्रयोग ही देखने में मिलता है। आओ द्विघात समीकरण का हल निकालने की विधि का अवलोकन करते हैं। द्विघात समीकरण $क\ य^2 + ख\ य + ग = 0$ को हल करने की प्रचलित श्रीधराचार्य रीति के अनुसार सर्वप्रथम समीकरण के दोनों पक्षों को 4क से गुणा करते हैं, ताकि प्रथम पद पूर्ण वर्ग बन जाए तथा द्वितीय पद उसके वर्ग मूल के दुगुने का एक गुणज।

अर्थात् $4क^2य^2 + 4क\ ख\ य + 4क\ ग = 0$

पूरण विधि के अनुप्रयोग से

$$(2क\ य + ख)^2 = 4क^2य^2 + 4क\ ख\ य + ख^2$$
$$= -\ 4कग + ख^2$$

अतः $2क\ य + ख = \pm \sqrt{ख^2 - 4क\ ग}$

'परावर्त्य' सूत्र के अनुप्रयोग से

$$य = \frac{-\ ख \pm \sqrt{ख^2 - 4क\ ग}}{2क}$$

यही द्विघात समीकरण का आधुनिक प्रचलित सूत्र है। पूरण विधि का अनुप्रयोग हम परावर्त्य तथा लोपन स्थापनाभ्याम् आदि सूत्र एवं उपसूत्रों के साथ घन, चतुर्घात तथा अन्य उच्च कोटि के समीकरणों को हल करने में कर सकते हैं।

II. घन समीकरणों का हल

सामान्य घन समीकरण क $य^3$ – ख $य^2$ + ग य + घ = 0 को पूरण विधि के द्वारा $र^3 + 3प\, र + फ = 0$ के स्वरूप में बदलकर हल निकाला जा सकता है। फ के ऐसे दो गुणनखंड बनाएँगे, जिनमें एक संख्या तथा दूसरी के वर्ग का योग – 3प हो; तब द्वितीय समीकरण का हल दूसरी संख्या के बराबर होगा।

उदाहरण : समीकरण $य^3 + 6य^2 - 37य + 30 = 0$ को हल करो।

हल— पूरण विधि के अनुप्रयोग से—

$$(य + 2)^3 = य^3 + 6य^2 + 12य + 8$$

$$= (37य - 30) + 12य + 8$$

(दिए समीकरण में परावर्त्य सूत्र के अनुप्रयोग से)

$$= 49य - 22$$

$$र^3 = 49(र - 2) - 22 \text{ जहाँ कि } र = य + 2$$

$$= 49र - 120$$

परावर्त्य सूत्र लगाने पर—

$$र^3 - 49र + 120 = 0$$

अतः $र^3 - (40 + 3^2)\, र + 40 \times 3 = 0$

इसलिए $र = 3$

पुनः $(र - 3)(र^2 + 3र - 40) = 0$

अर्थात् $र = 3,\ र^2 + 3र - 40 = 0$

अतः $र = 3, 5, - 8$

इसलिए $य = 1, 3, - 10$

टिप्पणी : $र^3 - (24 + 5^2)\, र + 24 \times 5 = 0$ अथवा

$र^3 - \{(-15) + (-8)^2\}\, र + (-8)(-15) = 0$ द्वारा हल र = 5 अथवा – 8 प्राप्त कर सकते हैं।

उदाहरण (2) : $य^3 + 9य^2 + 24य + 16 = 0$ को हल करो।

हल— पूरण विधि से

$$(य + 3)^3 = य^3 + 9य^2 + 27य + 27$$

$$= (-24य - 16) + 27य + 27$$

(दिए समीकरण में परावर्त्य सूत्र लगाने से)

$$= 3य + 11$$

$$र^3 = 3(र - 3) + 11 \text{ जहाँ कि } र = य + 3$$

अर्थात् $र^3 = 3र + 2$

अर्थात् $र^3 - 3र - 2 = 0$

निरपेक्ष पद के गुणनखंडन से—

$$र^3 - \{(-1) + 2^2\}र + (-1)\times 2 = 0$$

अतः $र = 2$

या $र^3 - \{2 + (-1)^2\} र + 2\times(-1) = 0$

अतः $र = -1$

$\because$ परिवर्तित समीकरण के तीनों मूलों का योग 0 है

$\therefore$ तीसरा मूल $0 - (2 - 1) = -1$

$\therefore$ $र = 2, -1, -1$

तथा $य = -1, -4, -4$

उदाहरण (3) : समीकरण $य^3 + 7य^2 + 14य + 8 = 0$ को हल करो।

हल— पूरण विधि से

$$\left(य + \frac{7}{3}\right)^3 = य^3 + 7य^2 + \frac{49}{3} \times य + \frac{343}{27}$$

$$= \left(-14य - 8\right) + \frac{49}{3} \times य + \frac{343}{27}$$

$$= \frac{7}{3} \times य + \frac{127}{27}$$

$$(3य + 7)^3 = 63य + 127$$

अर्थात् $र^3 = 21(र - 7) + 127$ जहाँ कि $र = 3य + 7$

अर्थात् $र^3 = 21र - 20$

अर्थात् $र^3 - 21र + 20 = 0$

अर्थात् $र^3 - (20 + 1^2)र + 20\times 1 = 0$

अत: $र = 1$

अथवा $र^3 - (5 + 4^2)र + 5 \times 4 = 0$ से

$र = 4$

अथवा $र^3 - \{(-4) + (-5)^2\}\ र + (-4)(-5) = 0$ से

$र = -5$

इस प्रकार $र = 1, 4, -5$

तथा $य = -2, -1, -4$

उदाहरण (4) : समीकरण $य^3 + 36य^2 + 36य + 35 = 0$ को हल करो।

हल— पूरण विधि से

$(य + 12)^3 = य^3 + 36य^2 + 432य + 1728$

अर्थात् $(य + 12)^3 = -(36य + 35) + 432य + 1728$

अर्थात् $(य + 12)^3 = 396य + 1693$

अर्थात् $र^3 = 396(र - 12) + 1693$ जहाँ कि $र = य + 12$

अर्थात् $र^3 = 396र - 3059$

अर्थात् $र^3 - 396र + 3059 = 0$

अर्थात् $र^3 - \{(-133) + (-23)^2\} + (-133)(-23) = 0$

अत: $र = -23,\ र^2 - 23र + 133 = 0$

इसलिए $र = -23,\ \dfrac{23 \pm \sqrt{23^2 - 4\times133}}{2}$

तथा $य = -35,\ \dfrac{-1 \pm \sqrt{-3}}{2}$

III. समीकरण $य^3 + 3प\ य + फ = 0$ का हल

$(क + ख)^3 = क^3 + ख^3 + 3क\ ख\ (क + ख)$

अर्थात् $य^3 = क^3 + ख^3 + 3क\ ख\ य$ जहाँ कि $य = क + ख$ दिए गए समीकरण के संदर्भ में 'परावर्त्य' सूत्र से

$-3प\ य - फ = क^3 + ख^3 + 3क\ ख\ य$ जहाँ कि $य = क + ख$

अर्थात् $3य\ (क\ ख + प) + (क^3 + ख^3 + फ) = 0$ जहाँ कि $य = क + ख$।

$क\ ख + प = 0$ अर्थात् $ख = -\dfrac{प}{क}$ रखने पर

$$\text{प्रतिबंध } क^3 - \frac{प^3}{क^3} + फ = 0 \text{ के साथ } य = क - \frac{प}{क}$$

$$\text{प्रतिबंध } क^3 - \frac{प^3}{क^3} + फ = 0 \text{ से } क^6 + फ\, क^3 - प^3 = 0$$

$$\text{अर्थात्} \quad क^3 = \frac{-फ \pm \sqrt{फ^2 + 4प^3}}{2}$$

$$\text{अर्थात} \quad क = \left(\frac{-फ \pm \sqrt{फ^2 + 4य^3}}{2}\right)^{1/3}$$

अतः समीकरण $य^3 + 3प\,य + फ = 0$ का हल

$$य = \left(\frac{-फ + \sqrt{फ^2 + 4प^3}}{2}\right)^{1/3} - \frac{प}{\left(\frac{-फ + \sqrt{फ^2 + 4प^3}}{2}\right)^{1/3}}$$

$$\text{अथवा } य = \left(\frac{-फ + \sqrt{फ^2 + 4प^3}}{2}\right)^{1/3} - \frac{प}{\left(\frac{-फ + \sqrt{फ^2 + 4प^3}}{2}\right)^{1/3}}$$

अर्थात् समीकरण $य^3 + 3प\,य + फ = 0$ का हल

$$य = \left(\frac{-फ + \sqrt{फ^2 + 4प^3}}{2}\right)^{1/3} - \left(\frac{फ + \sqrt{फ^2 + 4प^3}}{2}\right)^{1/3}$$

∵ इकाई के तीन घनमूल होते हैं, क के तीन मानों के संगत य के भी तीन मान होंगे।

उदाहरण : समीकरण $य^3 + 6य + 2 = 0$ को हल करो।

हल— $य^3 = 3क\,ख\,य + क^3 + ख^3$ जबकि $य = क + ख$

दिए समीकरण के संदर्भ में परावर्त्य सूत्र से

$-6य - 2 = 3क\,ख\,य + क^3 + ख^3$ जबकि $य = क + ख$

अर्थात् $3य(क\,ख + 2) + क^3 + ख^3 + 2 = 0$ जबकि $य = क + ख$।

$$\text{क ख} + 2 = 0 \text{ अर्थात् ख} = -\frac{2}{\text{क}} \text{ रखने पर}$$

$$\text{य} = \text{क} - \frac{2}{\text{क}} \quad \text{जबकि क}^3 - \frac{8}{\text{क}^3} + 2 = 0$$

अर्थात् $\text{क}^6 + 2\text{क}^3 - 8 = 0$

अर्थात् $\text{क}^3 = 2, -4$

$$\text{अर्थात् क} = 2^{1/3}, 2^{1/3}\left(\frac{-1+\sqrt{-3}}{2}\right), \ 2^{1/3}\left(\frac{-1-\sqrt{-3}}{2}\right)$$

$\text{क}^3 = -4$ के संगत य के वही मान प्राप्त होंगे जो $\text{क}^3 = 2$ के संगत प्राप्त होते हैं।

$$\text{अतः य} = 2^{1/3} - \frac{2}{2^{1/3}}, \left(\frac{-1+\sqrt{-3}}{2}\right)2^{1/3} - \frac{2}{\left(\frac{-1+\sqrt{-3}}{2}\right)2^{1/3}}$$

$$\left(\frac{-1-\sqrt{-3}}{2}\right)2^{1/3} - \frac{2}{\left(\frac{-1-\sqrt{-3}}{2}\right)2^{1/3}}$$

$$\text{अर्थात् य} = 2^{1/3} - 2^{2/3}, \left(\frac{-1+\sqrt{-3}}{2}\right)2^{2/3} + \left(\frac{1+\sqrt{-3}}{2}\right)2^{2/3}$$

$$\left(\frac{-1-\sqrt{-3}}{2}\right)2^{1/3} - \left(\frac{-1+\sqrt{-3}}{2}\right)2^{2/3}$$

टिप्पणी—इकाई के घनमूल ज्ञात करने हेतु समीकरण $\text{क}^3 - 1 = 0$ को हल करेंगे।

अर्थात् $(\text{क} - 1)(\text{क}^2 + \text{क} + 1) = 0$

$$\text{क} = 1, \frac{-1 \pm \sqrt{-3}}{2}$$

अतः इकाई के घनमूल 1, $\frac{-1+\sqrt{-3}}{2}$, $\frac{-1-\sqrt{-3}}{2}$ होते हैं।

IV. 'विलोकनम्' सूत्र द्वारा त्रिघात समीकरण $य^3 + 3प\ य = फ$ का सांख्यिक मूल ज्ञात करना

समीकरण से $2य^3 + 6प\ य = 2फ$

अर्थात् $(य + \sqrt{प})^3 + (य - \sqrt{प})^3 = 2फ$

यदि समीकरण का एक मूल पूर्ण सांख्यिक मान रखता है, तो 2फ को विलोकनम् सूत्र से दो घनों के योग के रूप में प्रदर्शित किया जा सकेगा। इस स्थिति में $2फ = त^3 + थ^3$ तथा $(य + \sqrt{प})^3 + (य - \sqrt{प})^3 = त^3 + थ^3$

प धनात्मक है, तब $य + \sqrt{प} > य - \sqrt{प}$ तब यदि $त > थ$

तो $य + \sqrt{प} = त$ तथा $य - \sqrt{प} = थ$।

अतः $य = त - \sqrt{प} = थ + \sqrt{प}$

उदाहरण : समीकरण $य^3 + 3य - 14 = 0$ को हल करो।

हल— समीकरण से $2य^3 + 6य = 28$

अर्थात् $(य + 1)^3 + (य - 1)^3 = 3^3 + 1^3$

अतः $य + 1 = 3$

अर्थात् $य = 2$ अन्य मूल $य^2 + 2य + 7 = 0$ से प्राप्त किए जा सकते हैं।

टिप्पणी : निरपेक्ष पद के दुगुने के दो घनों में विभाजित कर बड़े घन के मूल में, एक घातीय पद की गुणक-संख्या के तिहाई का वर्गमूल घटा देने से समीकरण का पूर्ण सांख्यिक मूल प्राप्त हो जाता है।

V. अब हम कुछ विशेष प्रकार के त्रिघात समीकरणों पर विचार करेंगे, जो विशेष सूत्रों के माध्यम से अपेक्षाकृत सरल रीति से हल किए जा सकते हैं।

(i) प्रथम प्रकार— प्रथम प्रकार के त्रिघात समीकरण को हम $(क\ य + प)(ख\ य + फ)(ग\ य + ब) = (त\ य + च)(थ\ य + छ)(द\ य + ज)$ के रूप में लेते हैं, जहाँ कि प्रत्येक ओर द्विपद के निरपेक्ष पदों का गुणनफल समान है; अर्थात् $प\ फ\ ब = च\ छ\ ज$।

यहाँ 'शून्यं साम्य समुच्चये' सूत्र कार्य करेगा तथा $य = 0$।

अतः (क ख ग – त थ द) $य^2$ + (क ख ब + ख ग प + ग क फ – त थ ज – थ द च – द त छ) य + (प फ ग + फ ब क + ब प ख – च छ द – छ ज त – ज च थ) = 0

इसमें 'चलित कलित वर्गो विवेचकः' उपसूत्र का अनुप्रयोग करके समीकरण के शेष दोनों मूल ज्ञात कर लेंगे।

उदाहरण : समीकरण (3य + 2) (5य + 6) (3य + 4) = (य + 3) (5य + 2) (3य + 8) को हल करो।

हल— यहाँ निरपेक्ष पदों के गुणनफल दोनों पक्षों में समान हैं।

अतः 'शून्यं साम्य समुच्चये' सूत्र से य = 0 तथा

$(3\times5\times3 - 1\times5\times3)य^2 + (3\times5\times4 + 5\times3\times2 + 3\times3\times6 - 1\times5\times8 - 5\times3\times3\times - 3\times1\times2)य + (2\times6\times3\times + 6\times4\times3 + 4\times2\times5 - 3\times2\times3 - 2\times8\times1 - 8\times3\times5) = 0$

अर्थात् $30य^2 + 53य - 6 = 0$

अतः $$य = \frac{-53 \pm \sqrt{3529}}{60}$$

(ii) द्वितीय प्रकार—द्वितीय प्रकार के त्रिघात समीकरण को हम

$$\left(\frac{क\ य + प}{ख\ य + फ}\right)^2 = \frac{त\ य + च}{थ\ य + छ}$$

के रूप में लेते हैं, जहाँ कि वामपक्ष में वर्ग के अंदर भिन्न के अंश तथा हर का अंतर दक्षिण पक्ष की भिन्न के अंश तथा हर के अंतर के समान है, अर्थात् (क य + प) – (ख य + फ) = (त य + च) – (थ य + छ), अतः यहाँ 'शून्यं साम्य समुच्चये' सूत्र से $अंश_2 - हर_2 = 0$ और विकल्पतः {(क य + प) + (ख य + फ)}(थ य + छ) = $(ख\ य + फ)^2$

उदाहरण : समीकरण $\left(\frac{3य + 5}{य + 3}\right)^2 = \frac{4य + 5}{2य + 3}$ को हल करो।

हल— $अंश_1 - हर_1 = (3य + 5) - (य + 3)$

$= 2य + 2$

$अंश_2 - हर_2 = (4य + 5) - (2य + 3)$

$= 2य + 2$

$अंश_1 - हर_1 = अंश_2 - हर_2$

अतः 'शून्यं साम्य समुच्चये' सूत्र से

$$\text{अंश}_1 - \text{हर}_1 = \text{अंश}_2 - \text{हर}_2 = 2\text{य} + 2 = 0$$

अर्थात् $\text{य} = -1$

और विकल्पतः $\{(3\text{य} + 5) + (\text{य} + 3)\}(2\text{य} + 3) = (\text{य} + 3)^2$

अर्थात् $(4\text{य} + 8)(2\text{य} + 3) = (\text{य} + 3)^2$

अर्थात् $7\text{य}^2 + 22\text{य} + 15 = 0$

अर्थात् $7\text{य}^2 + 7\text{य} + 15\text{य} + 15 = 0$

अर्थात् $(7\text{य} + 15)(\text{य} + 1) = 0$

अतः $\text{य} = -\dfrac{15}{7}, -1$

(iii) तृतीय प्रकार—तृतीय प्रकार के त्रिघात समीकरण को हम

$$\frac{1}{\text{क य} + \text{प}} + \frac{1}{\text{ख य} + \text{फ}} = \frac{1}{\text{त य} + \text{च}} + \frac{1}{\text{थ य} + \text{छ}}$$

के रूप में लेते हैं, जहाँ $\text{हर}_1 + \text{हर}_2 = \text{हर}_3 + \text{हर}_4$। यहाँ 'शून्यं साम्य समुच्चये' सूत्र लागू होगा, जिससे $\text{हर}_1 + \text{हर}_2 = 0$ और विकल्पतः $\text{हर}_1 \sim \text{हर}_2 = \text{हर}_3 \sim \text{हर}_4$

उदाहरण : समीकरण

$$\frac{1}{2\text{य} + 3} + \frac{1}{5\text{य} + 7} = \frac{1}{4\text{य} + 9} + \frac{1}{3\text{य} + 1}$$

को हल करो।

हल— यहाँ $\text{हर}_1 + \text{हर}_2 = (2\text{य} + 3) + (5\text{य} + 7)$

$= 7\text{य} + 10$

तथा $\text{हर}_3 + \text{हर}_4 = 4\text{य} + 9 + 3\text{य} + 1$

$= 7\text{य} + 10$

अतः $\text{हर}_1 + \text{हर}_2 = \text{हर}_3 + \text{हर}_4$

'शून्यं साम्य समुच्चये' सूत्र से $7\text{य} + 10 = 0$

अर्थात् $\text{य} = -\dfrac{10}{7}$

और विकल्पतः $\text{हर}_1 - \text{हर}_2 = \text{हर}_3 - \text{हर}_4$

अथवा $\text{हर}_1 - \text{हर}_2 = \text{हर}_4 - \text{हर}_3$

अर्थात् $(2य + 3) - (5य + 7) = (4य + 9) - (3य + 1)$

अथवा $(2य + 3) - (5य + 7) = (3य + 1) - (4य + 9)$

अर्थात् $य = -3$ अथवा $य = 2$

उत्तर $य = -\frac{10}{7}, -3, 2$

(iv) चतुर्थ प्रकार—चतुर्थ प्रकार के त्रिघात समीकरण को हम

$$\frac{प\,म}{क\,य + प} + \frac{फ\,न}{ख\,य + फ} = \frac{च\,म}{त\,य + च} + \frac{छ\,न}{थ\,य + छ}$$

के रूप में लेते हैं, जहाँ कि

(i) $$\frac{अंश_1}{हर_1 \text{ का निरपेक्ष पद}} = \frac{अंश_3}{हर_3 \text{ का निरपेक्ष पद}}$$

तथा $$\frac{अंश_2}{हर_2 \text{ का निरपेक्ष पद}} = \frac{अंश_4}{हर_4 \text{ का निरपेक्ष पद}}$$

यहाँ सूत्र 'शून्यमन्यत्' का प्रयोग होगा, जिससे $य = 0$।

समीकरण से—

$$म - \frac{म\,क\,य}{क\,य + प} + न - \frac{न\,ख\,य}{ख\,य + फ} = म - \frac{म\,त\,य}{त\,य + च} + न - \frac{न\,थ\,य}{थ\,य + छ}$$

अतः $य = 0$ तथा विकल्पतः

$$\frac{म\,क}{क\,य + प} + \frac{न\,ख}{ख\,य + फ} = \frac{म\,त}{त\,य + च} + \frac{न\,थ}{थ\,य + छ}$$

'परावर्त्य' सूत्र के अनुप्रयोग से—

$$\frac{म\,क}{क\,य + प} - \frac{म\,त}{त\,य + च} = \frac{न\,थ}{थ\,य + छ} - \frac{न\,ख}{ख\,य + फ}$$

अर्थात् $$\frac{म(क\,च - प\,त)}{(क\,य + प)(त\,य + च)} = \frac{न(थ\,फ - ख\,छ)}{(थ\,य + छ)(ख\,य + फ)}$$

अर्थात् $म(क\,च - प\,त)(थ\,य + छ)(ख\,य + फ)$

$= न(थ\,फ - ख\,छ)(क\,य + प)(त\,य + च)$

अर्थात् {म(क च – प त)ख थ – न(थ फ – ख छ)क त}$य^2$
+ {म(क च – प त)(ख छ + थ प) – न(थ फ – ख छ)(त प + क च)}य
+ {म(क च – प त)छ फ – न(थ फ – ख छ)प च} = 0

यहाँ 'चलित कलित वर्गो विवेचक:' उपसूत्र का प्रयोग कर समीकरण को हल करेंगे।

उदाहरण : $\dfrac{15}{2य + 3} + \dfrac{14}{3य + 7} = \dfrac{5}{5य + 1} + \dfrac{8}{य + 4}$

को हल करो।

हल— यहाँ $\dfrac{15}{3} = \dfrac{5}{1}$ तथा $\dfrac{14}{7} = \dfrac{8}{4}$

अत: 'शून्यमन्यत्' सूत्र से य = 0 और विकल्पत: सीधी भाजन क्रिया से

$$\frac{10}{2य + 3} + \frac{6}{3य + 7} = \frac{25}{5य + 1} + \frac{2}{य + 4}$$

'परावर्त्य' सूत्र के अनुप्रयोग से—

$$\frac{10}{2य + 3} - \frac{25}{5य + 1} = \frac{2}{य + 4} - \frac{6}{3य + 7}$$

अर्थात् $$\frac{-65}{(2य + 3)(5य + 1)} = \frac{-10}{(य + 4)(3य + 7)}$$

अर्थात् $$13(य + 4)(3य + 7) = 2(2य + 3)(5य + 1)$$

अर्थात् $$19य^2 + 213य + 358 = 0$$

अर्थात् $$य = \frac{-213 \pm \sqrt{213^2 - 4 \times 19 \times 358}}{38}$$

अर्थात् $$य = \frac{-213 \pm \sqrt{18165}}{38}$$

उत्तर $य = 0, \dfrac{-213 \pm \sqrt{18165}}{38}$

इस प्रकार हम देखते हैं कि वैदिक सूत्रों के अनुप्रयोग द्वारा विभिन्न प्रकार के त्रिघात बीजगणितीय समीकरणों को आसानी से हल किया जा सकता है।

अभ्यास प्रश्न : निम्नलिखित त्रिघात समीकरणों को हल करो—

1. $य^3 - 6य^2 - 31य + 120 = 0$
2. $य^3 + 7य^2 + 14य + 8 = 0$
3. $य^3 + 36य^2 - 32य - 5 = 0$
4. $य^3 + 18य - 44 = 0$
5. $य^3 + 27य - 62 = 0$
6. $(2य + 3)(3य + 5)(य + 4) = (3य + 2)(2य + 5)(5य + 6)$
7. $\left(\dfrac{3य + 7}{य + 1}\right)^2 = \dfrac{5य + 8}{3य + 2}$
8. $\dfrac{1}{2य + 5} + \dfrac{1}{6य + 3} = \dfrac{1}{3य + 1} + \dfrac{1}{4य + 7}$
9. $\dfrac{1}{3य - 1} + \dfrac{1}{2य + 3} = \dfrac{1}{4य + 6} + \dfrac{1}{य - 4}$
10. $\dfrac{6}{2य + 3} + \dfrac{15}{3य + 5} = \dfrac{14}{य + 7} + \dfrac{21}{4य + 7}$
11. $\dfrac{15}{2य - 5} + \dfrac{12}{य - 3} = \dfrac{9}{2य - 3} + \dfrac{8}{3य - 2}$

❑

अध्याय 12

चतुर्थ घात समीकरण

पूरण आदि विधियों की सहायता से हम चतुर्घात समीकरण की इष्ट राशि की गुणन-संख्याओं को लघु रूप में ला सकते हैं तथा गुणनखंडन के अध्याय में वर्णित रीतियों से बहुपद के गुणनखंड कर चतुर्घात समीकरण के मूल आसानी से प्राप्त किए जा सकते हैं।

उदाहरण (1) : समीकरण $य^4 - 30य^3 + 335य^2 - 1650य + 3024 = 0$ को हल करो।

हल—दिए समीकरण से 'परावर्त्य' सूत्र के अनुप्रयोग द्वारा $य^4 = 30य^3 - 335य^2 + 1650य - 3024$

पूरण सूत्र से—

$$(य - 8)^4 = य^4 - 32य^3 + 384य^2 - 2048य + 4096$$

अर्थात् $(य - 8)^4 = 30य^3 - 335य^2 + 1650य - 3024 - 32य^3 + 384य^2 - 2048य + 4096$

अर्थात् $(य - 8)^4 = - 2य^3 + 49य^2 - 398य + 1072$

अर्थात् $र^4 = - 2(र + 8)^3 + 49(र + 8)^2 - 398(र + 8) + 1072$

जहाँ कि $र = य - 8$

अर्थात् $र^4 = - 2र^3 - 48र^2 - 384र - 1024 + 49र^2 + 784र + 3136 - 398र - 3184 + 1072$

अर्थात् $र^4 + 2र^3 - र^2 - 2र = 0$

अर्थात् र = 0, $र^3 + 2र^2 - र - 2 = 0$

अर्थात् र = 0, (र + 2)(र − 1)(र + 1) = 0

अतः र = 0, 1, − 1, − 2 और य = 8, 9, 7, 6

उदाहरण (2) : समीकरण $य^4 - 5य^3 - 27य^2 + 101य - 70 = 0$ को हल करो।

हल— दिए गए समीकरण के लिए परावर्त्य सूत्र के अनुप्रयोग से

$य^4 = 5य^3 + 27य^2 - 101य + 70$

पूरण सूत्र के प्रयोग से—

$$(य - 1)^4 = य^4 - 4य^3 + 6य^2 - 4य + 1$$
$$= 5य^3 + 27य^2 - 101य + 70 - 4य^3 + 6य^2 - 4य + 1$$
$$= य^3 + 33य^2 - 105य + 71$$
$$र^4 = (र + 1)^3 + 33(र + 1)^2 - 105(र + 1) + 71$$

जहाँ कि र = य − 1

अर्थात् $$र^4 = र^3 + 3र^2 + 3र + 1 + 33र^2 + 66र + 33 - 105र - 105 + 71$$
$$= र^3 + 36र^2 - 36र$$

परावर्त्य सूत्र से $र^4 - र^3 - 36र^2 + 36र = 0$

अर्थात् $र(र^3 - र^2 - 36र + 36) = 0$

अर्थात् र(र − 1)(र − 6)(र + 6) = 0

अर्थात् र = 0, 1, 6, − 6

अतः य = 1, 2, 7, − 5

उदाहरण (3) : समीकरण $य^4 - 7य^3 - 75य^2 - 49य + 130 = 0$ को हल करो।

हल— समीकरण में इष्ट राशियों की गुणन-संख्याओं का योग 1 − 7 − 75 − 49 + 130 = 0 है।

अतः य = 1 इसका एक मूल है

अतः समीकरण $(य - 1)(य^3 - 6य^2 - 81य - 130) = 0$

अर्थात् य = 1, $य^3 - 6य^2 - 81य - 130 = 0$

समीकरण $य^3 - 6य^2 - 81य - 130 = 0$ में परावर्त्य सूत्र से—

$$य^3 = 6य^2 + 81य + 130$$

पूरण सूत्र के अनुप्रयोग से—

$$\begin{aligned}(य - 2)^3 &= य^3 - 6य^2 + 12य - 8\\ &= 6य^2 + 81य + 130 - 6य^2 + 12य - 8\\ &= 93य + 122\end{aligned}$$

अर्थात् $र^3 = 93(र + 2) + 122$ जहाँ कि $र = य - 2$

अर्थात् $र^3 - 93र - 308 = 0$

अर्थात् $र^3 - \{77 + (-4)^2\} + 77(-4) = 0$

अत: $र = -4,\ र^2 + 22र + 77 = 0$

अर्थात् $$र = -4,\ \frac{-22 \pm \sqrt{22^2 - 4 \times 77}}{2}$$

अर्थात् $र = -4, -11 \pm 2\sqrt{11}$

और $य = -2, -9 \pm 2\sqrt{11}$

अंत में हम चतुर्घात समीकरण का सामान्य हल देना चाहेंगे, जिसमें पूरण आदि सूत्रों का भरपूर प्रयोग किया गया है।

सामान्य चतुर्घात समीकरण $य^4 + क\,य^3 + ख\,य^2 + ग\,य + घ = 0$ को पूरण त्रिधि द्वारा $र^4 + प\,र^2 + फ\,र + ब = 0$ में परिवर्तित किया, जहाँ कि

$$र = य + \frac{क}{4}\ ।$$

अत: $र^4 + 2प\,र^2 + प^2 = प\,र^2 - फ\,र + प^2 - ब$

अर्थात् $(र^2 + प)^2 = प\,र^2 - फ\,र + प^2 - ब$

पूरण सूत्र से—

$$\begin{aligned}(र^2 + प + ल)^2 &= (र^2 + प)^2 + 2(र^2 + प)ल + ल^2\\ &= प\,र^2 - फ\,र + प^2 - ब + 2ल\,र^2 + 2प\,ल + ल^2\\ &= (प + 2ल)र^2 - फ\,र + (प + ल)^2 - ब\end{aligned}$$

दक्षिण पक्ष को पूर्ण वर्ग बनाने के लिए विवेचक शून्य होना चाहिए।

अत: $(-फ)^2 - 4(प + 2ल)\{(प + ल)^2 - ब\} = 0$

अर्थात् $फ^2 - 8ल(प + ल)^2 + 8ल\,ब - 4प(प + ल)^2 + 4प\,ब = 0$

अर्थात् $फ^2 - 8ल^3 - 16प\,ल^2 - 8ल\,प^2 + 8ल\,ब - 4प^3 - 8प^2\,ल$
$- 4प\,ल^2 + 4प\,ब = 0$

अर्थात् $- 8ल^3 + (-20प)ल^2 + (-8प^2 + 8ब - 8प^2)ल + फ^2$
$- 4प^3 + 4प\,ब = 0$

अर्थात् $8ल^3 + 20प\,ल^2 + 8(2प^2 - ब)ल + (4प^3 - 4य\,ब - फ^2)$
$= 0$

यह एक घन समीकरण है, जिसका साधन करके ल का मान ज्ञात हो जाएगा।

ल का मान रखने पर

$$र^2 + प + ल = \pm\sqrt{(प + 2ल)र^2 - फ\,र + (प + ल)^2 - ब}$$

इस प्रकार दो द्विघात समीकरण प्राप्त हो जाएँगे, जिनको हल करके र के चारों मान प्राप्त हो जाएँगे। अतः य के चारों मान भी प्राप्त हो जाएँगे।

उदाहरण : समीकरण $य^4 - 4य^3 - य^2 + 16य - 12 = 0$ को हल करो।

हल— $य^4 = 4य^3 + य^2 - 16य + 12$

पूरण सूत्र से—

$$(य - 1)^4 = य^4 - 4य^3 + 6य^2 - 4य + 1$$
$$= 4य^3 + य^2 - 16य + 12$$
$$- 4य^3 + 6य^2 - 4य + 1$$
$$= 7य^2 - 20य + 13$$

अतः $र^4 = 7(र + 1)^2 - 20(र + 1) + 13$

जहाँ कि $र = य - 1$

$$= 7र^2 - 6र$$

अर्थात् $र^4 - 6र^2 = र^2 - 6र$

अर्थात् $र^4 - 6र^2 + 9 = र^2 - 6र + 9$

अर्थात् $(र^2 - 3)^2 = (र - 3)^2$

अर्थात् $र^2 - 3 = र - 3,\ र^2 - 3 = -र + 3$

अर्थात् $र^2 - र = 0,\ र^2 + र - 6 = 0$

अर्थात् $र = 0, 1, -3, 2$

और $य = 1, 2, -2, 3$

चतुर्घात समीकरण का एक विशिष्ट प्रकार

इस प्रकार के समीकरण में वामपक्ष में दो द्विपदों के चतुर्घातों का योग रहता है तथा दाहिने पक्ष में उनका मान एक गणितीय संख्या होती है। इस प्रकार के समीकरणों पर 'व्यष्टि-समष्टि' या 'लोपनस्थापनाभ्याम्' सूत्र का अनुप्रयोग होता है, जो हमें चतुर्घात को सरल द्विघात में तोड़ने के लिए मध्य द्विपद का उपयोग सिखलाता है। यहाँ विषम घातों के पारस्परिक विलोपन की युक्ति काम आती है।

$$(\text{य} + \text{प} + \text{फ})^4 + (\text{य} + \text{प} - \text{फ})^4 = \text{ट}$$

यहाँ प + फ तथा प − फ का मध्यमान $\dfrac{\text{प} + \text{फ} + \text{प} - \text{फ}}{2}$

अर्थात् प है। अतः य + प को ल माना।

अतः समीकरण $(\text{ल} + \text{फ})^4 + (\text{ल} - \text{फ})^4 = \text{ट}$

अर्थात् $\text{ल}^4 + 4\text{ल}^3\text{फ} + 6\text{ल}^2\text{फ}^2 + 4\text{ल फ}^3 + \text{फ}^4 + \text{ल}^4 - 4\text{ल}^3\text{फ} + 6\text{ल}^2\text{फ}^2 - 4\text{ल फ}^3 + \text{फ}^4 = \text{ट}$

अर्थात् $2(\text{ल}^4 + 6\text{ल}^2\text{फ}^2 + \text{फ}^4) = \text{ट}$

अर्थात् $\text{ल}^4 + 6\text{ल}^2\text{फ}^2 + \text{फ}^4 - \dfrac{\text{ट}}{2} = 0$

अर्थात् $\text{ल}^2 = \dfrac{1}{2}\{-6\text{फ}^2 \pm \sqrt{36\text{फ}^4 - 2(2\text{फ}^4 - \text{ट})}\}$

अर्थात् $\text{ल} = \pm\dfrac{1}{\sqrt{2}}\sqrt{-6\text{फ}^2 \pm \sqrt{36\text{फ}^4 - 2(2\text{फ}^4 - \text{ट})}}$

अतः $\text{य} = -\text{प} \pm \dfrac{1}{\sqrt{2}}\sqrt{-6\text{फ}^2 \pm \sqrt{36\text{फ}^4 - 2(2\text{फ}^4 - \text{ट})}}$

उदाहरण : $(\text{य} + 3)^4 + (\text{य} + 7)^4 = 11296$ को हल करो।

हल— 3 तथा 7 का मध्यमान $\dfrac{3 + 7}{2} = 5$

अतः य + 5 = ल मानने पर $(\text{ल} - 2)^4 + (\text{ल} + 2)^4 = 11296$

अर्थात् $2(ल^4 + 24ल^2 + 16) = 11296$

अर्थात् $ल^4 + 24ल^2 + 16 = 5648$

अर्थात् $ल^4 + 24ल^2 - 5632 = 0$

अर्थात् $(ल^2 + 12)^2 - (76)^2 = 0$

अर्थात् $(ल^2 + 12 + 76)(ल^2 + 12 - 76) = 0$

अर्थात् $ल^2 = -88, 64$

अर्थात् $ल = \pm 2\sqrt{-22}, \pm 8$

अतः $य = -5 \pm 2\sqrt{-22}, 3, -13$

टिप्पणी : इस प्रकार के सरल उदाहरणों में पूर्ण सांख्यिक मूल छोटे होने पर मात्र विलोकनम् द्वारा दक्षिण पक्ष को दो चतुर्घातों के योग में तोड़कर प्राप्त किए जा सकते हैं। उपर्युक्त उदाहरण में दक्षिण पक्ष 11296 को 10000 तथा 1296 में तोड़ा जा सकता है। संश्लिष्ट संख्या, भिन्न, करणी, काल्पनिक संख्या आदि तथा बीजीय गुणन संख्याओं वाले प्रश्नों में 'विलोकनम्' सूत्र द्वारा प्रश्न पूर्णतः हल नहीं होगा। इसके वास्ते 'व्यष्टि-समष्टि' सूत्र यथेष्ट होगा।

उपर्युक्त उदाहरण में विलोकनम् सूत्र का प्रयोग करने पर—

$(य + 3)^4 = 1296$ और $(य + 7)^4 = 10000$

$\therefore$ $य + 3 = \pm 6$ और $य + 7 = \pm 10$

अतः $य = 3$

पुनः $(य + 3)^4 = 10000$ और $(य + 7)^4 = 1296$ लेने पर $य + 3 = \pm 10$ और $य + 7 = \pm 6$

अतः $य = -13$

समीकरण के पूर्ण सांख्यिक मूल 3, − 13

अभ्यास प्रश्न : निम्नलिखित चतुर्घात समीकरणों को हल करो—

1. $य^4 + य^3 + 3य^2 + 31य - 36 = 0$
2. $य^4 + 4य^3 + 6य^2 - 8य - 56 = 0$
3. $(य + 9)^4 + (य + 7)^4 = 3026$
4. $(य - 1)^4 + (य + 3)^4 = 272$
5. $य^4 + 3य^2 + 31य - 90 = 0$

❑

अध्याय 13

युगपत् सरल समीकरण

वैदिक गणित में सभी प्रकार के युगपत् समीकरणों पर लगनेवाला सामान्य सूत्र परावर्त्य सूत्र के अंतर्गत आता है; परंतु कुछ विशिष्ट प्रकार के युगपत् समीकरणों में लगनेवाले अन्य विशेष प्रकार के सूत्र भी विद्यमान हैं।

सामान्य सूत्र

युगपत् समीकरणों को हल करने की प्रचलित विधियों में तिर्यक गुणनविधि सर्वोत्तम समझी जाती है। यह विधि वैदिक परावर्त्य विधि से लगभग मिलती हुई है। वैदिक परावर्त्य विधि से सरल युगपत् समीकरणों को हल करते समय हमें सीधे उत्तर प्राप्त हो जाता है, जबकि तिर्यक गुणनविधि में ऐसा नहीं होता तथा चिह्नों की भूल पड़ने की संभावना बनी रहती है।

हम वैदिक विधि (परावर्त्य सूत्र) द्वारा एकदम सीधे मन-ही-मन गणना कर उत्तर बता सकते हैं। यथा—

युगपत् समीकरण प य + फ र = ट

तथा क य + ख र = ठ से

य के मान के लिए हम र की गुणन-संख्या तथा स्वतंत्र पद से आरंभ करके पुरोगामी तिर्यक गुणन करते हैं। हम ऊपर की पंक्ति से प्रारंभ करके नीचेवाले से तिर्यक गुणन करते हैं तथा दोनों तिर्यक गुणनफलों के बीच ऋण चिह्न प्रयोग करते हैं। इस प्रकार य के मान का 'अंश' प्राप्त हो जाता है। य के मान का 'हर' प्राप्त करने के लिए हम र की गुणन-संख्या से प्रारंभ

कर प्रतिगामी तिर्यक गुणन उसी प्रकार (अर्थात् ऊपर की पंक्ति में दाहिने से शुरू कर नीचे की पंक्ति की गुणन-संख्या तक) करते हैं।

इस प्रकार $य = \dfrac{फ\,ठ - ख\,ट}{क\,फ - ख}$

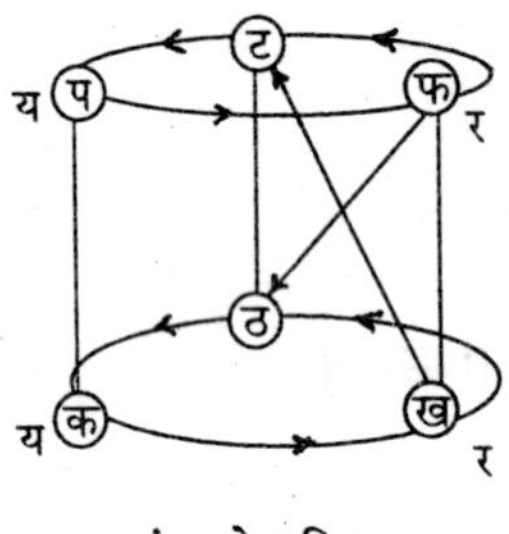

अंश के लिए

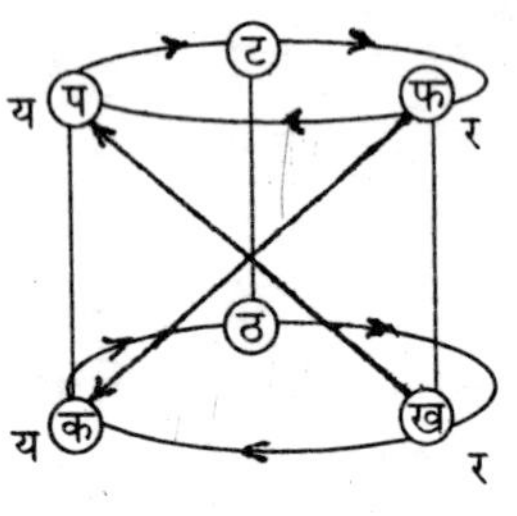

हर के लिए

आगे हम चक्रीय नियम का उपयोग करेंगे। र के मान के लिए चक्रीय क्रम में ऊपर की पंक्ति के स्वतंत्र पद से शुरू कर नीचे की पंक्ति के य की गुणन-संख्या से गुणा करते हैं और हर वही रहेगा जो य के मान के लिए निकाला है।

अत: $र = \dfrac{ट\,क - ठ\,प}{क\,फ - ख\,प}$

उदाहरण (1) : समीकरण 2य + 3र = 7 तथा 3य − र = 5 को हल करो।

हल— $य = \dfrac{3 \times 5 - (-1) \times 7}{3 \times 3 - (-1) \times 2} = \dfrac{22}{11} = 2$

$र = \dfrac{7 \times 3 - 5 \times 2}{11} = \dfrac{11}{11} = 1$

उत्तर य = 2, र = 1

उदाहरण (2) : समीकरण 5य − 2र = 1 तथा 3य − 2र = 5 को हल करो।

हल— $य = \frac{(-2) \times 5 - 1 \times 1}{(-2) \times 3 - 1 \times 5} = \frac{(-11)}{(-11)} = 1$

$र = \frac{1 \times 3 - 5 \times 5}{-11} = \frac{(-22)}{(-11)} = 2$

उत्तर य = 1, र = 2

प्रथम विशिष्ट प्रकार

प्रथम विशिष्ट प्रकार का युगपत् सरल समीकरण इस प्रकार हो सकता है :

क य + ख र = ट,

तथा प य + म ख र = म ट

यह अपने बड़े अंकों के कारण कठिन लग सकता है; परंतु इसकी गुणन-संख्याओं में एक निश्चित अनुपात होने के कारण आनुरूप्ये शून्यमन्यत् (जो बीज रूप में कहता है कि यदि एक अनुपात में है तो दूसरा शून्य है) इस सूत्र के द्वारा मन-ही-मन समीकरणों को हल किया जा सकता है।

ऊपर के उदाहरण में दोनों समीकरणों के र की गुणन-संख्याओं का अनुपात तथा स्थिर पदों का अनुपात समान है। अतः य = 0

तथा $र = \frac{ट}{ख}$

उदाहरण (1) : समीकरण 3य + 5र = 10,तथा 7य + 2र = 4 को हल करो।

हल— र की गुणन-संख्याओं का अनुपात 5 : 2

निरपेक्ष पदों का अनुपात 10 : 4,

5 : 2 :: 10 : 4

अतः य = 0 तथा र = 2

उदाहरण (2) : समीकरण 5य + 3र = 8 तथा 10य + 7र = 16 को हल करो।

हल— य की गुणन-संख्याओं का अनुपात 5:10

स्वतंत्र पदों का अनुपात 8 : 16

5 : 10 :: 8 : 16

अतः र = 0, $य = \frac{8}{5}$

उदाहरण (3) : समीकरण $499य + 172र = 208,$

तथा $79य + 387र = 486$ को हल करो।

हल— र की गुणन-संख्याओं का अनुपात 172 : 387

निरपेक्ष पदों का अनुपात 208 : 468

172 : 387 :: 208 : 468

क्योंकि $$\frac{4 \times 43}{9 \times 43} = \frac{4 \times 52}{9 \times 52} \left(= \frac{4}{9}\right)$$

इसलिए $य = 0,\ र = \frac{52}{43}$

इस नियम में अनंत विस्तार की क्षमता है तथा कितनी भी अज्ञात राशियों पर यह लागू किया जा सकता है।

यथा :

(1) $\left.\begin{array}{l} क\,य + ख\,र + ग\,ल = ठ\,क, \\ प\,य + फ\,र + ब\,ल = ठ\,प, \\ त\,य + थ\,र + द\,ल = ठ\,त \end{array}\right\}$ अतः $\left\{\begin{array}{l} य = ठ, \\ र = 0, \\ ल = 0 \end{array}\right.$।

(प्रथम दो समीकरणों के बाद "तथा")

(2) $\left.\begin{array}{l} 2य + 5र + 3ल = 7, \\ 3य + 11र + 9ल = 21, \\ 5य + 6र + 15ल = 35 \end{array}\right\}$ अतः $\left\{\begin{array}{l} य = 0, \\ र = 0, \\ ल = \frac{7}{3} \end{array}\right.$।

द्वितीय विशिष्ट प्रकार

एक और विशिष्ट प्रकार के युगपत समीकरणों की विशेष बात यह है कि य तथा र की गुणन-संख्याएँ आपस में बदलकर दी होती हैं।

यथा : $क\,य + ख\,र = ट$

तथा $ख\,य + क\,र = ठ$

इनको हल करने के लिए विस्तार में जाकर गुणा और भाग आदि की कोई आवश्यकता नहीं। उपसूत्र 'संकलन व्यवकलनाभ्याम्' (जोड़ने और घटाने के द्वारा) की सहायता से य + र तथा य − र का मान निकालकर आसानी

से क्रिया को पुनः दुहराकर य तथा र का मान प्राप्त किया जा सकता है। यथा :

समीकरण 405 य + 217 र = 839, ...(1)

तथा 217 य + 405 र = 1027, ...(2)

(1) में (2) को जोड़ने पर 622 य + 622 र = 1866

अर्थात् य + र = 3

(1) से (2) को घटाने पर 188 य − 188र = − 188

अर्थात् य − र = − 1

प्राप्त य + र = 3 ....(3)

तथा य − र = − 1 ....(4)

(3) में (4) को जोड़ने पर 2य = 2 अर्थात् य = 1

(3) से (4) घटाने पर 2र = 4 अर्थात् र = 2

उत्तर य = 1, र = 2

अभ्यास प्रश्न : निम्नलिखित युगपत् समीकरण हल करो—

(1) 3य + 5र = 29

तथा 2य + 3र = 18

(2) 2य − र = 13

तथा 7य + 3र = 13

(3) 407य + 36र = 10953

तथा 1062य + 4र = 1217

(4) − 25य + 3र = 81

तथा 32य + 15र = 405

(5) 305य + 217र = 1836

तथा 217य + 305र = 252

❑

अध्याय 14

बहु युगपत् सरल समीकरण

अब हम दो से अधिक अज्ञात राशियोंवाले युगपत् समीकरणों पर आते हैं। इनको हल करने में 'लोपनस्थापनाभ्याम्', 'आनुरूप्य' तथा 'परावर्त्य' सूत्रों का उपयोग किया जाएगा।

I. प्रथम प्रकार

प्रथम प्रकार के वे युगपत् समीकरण हैं, जिनमें केवल एक समीकरण के दक्षिण पक्ष में तो सार्थक संख्या होगी; परंतु दो में केवल शून्य होगा। शून्यवाले दोनों समघात समीकरणों से हम ऐसे दो नए समीकरण प्राप्त करेंगे, जिनमें दो अज्ञात राशियों का मान तीसरी अज्ञात राशि के पदों में व्यक्त किया जाएगा। तत्पश्चात् इन मानों को तीसरे समीकरण में प्रतिस्थापित कर एक के बाद एक तीनों अज्ञात राशियों का मान निकालेंगे।

उदाहरण (1) : समीकरण $य + र - ल = 0,$ ......(1)

$2य + 3र + 5ल = 0,$ ......(2)

तथा $3य + 4र + 6ल = 26$ ......(3)

को हल करो।

हल— समीकरण (1) से $य + र = ल$ . ...(4)

समीकरण (2) से $2य + 3र = - 5ल$ ....(5)

समीकरण (4) तथा (5) में सामान्य परावर्त्य सूत्र लगाने से—

$$य = \frac{-5ल - 3ल}{2 - 3} = 8ल$$

$$र = \frac{2ल + 5ल}{2 - 3} = -7ल$$

य तथा र के ल के पदों में प्राप्त मान समीकरण (3) में रखने पर 24ल − 28ल + 6ल = 26 अर्थात् ल = 13

अत: य = 104, र = − 91 तथा ल = 13

उदाहरण (2) : समीकरण 2य − 3र + 4ल = 0, ...(1)

7य + 2र − 6ल = 0, ...(2)

तथा 4य + 2र + 3ल = 18 ....(3)

को हल करो।

हल— समीकरण (1) से 2य − 3र = − 4ल ....(4)

समीकरण (2) से 7य + 2र = 6ल ....(5)

$$\text{सामान्य विधि से } य = \frac{-18ल + 8ल}{-21 - 4} = \frac{2}{5} ल$$

$$र = \frac{-28ल - 12ल}{-21 - 4} = \frac{8}{5} ल$$

य तथा र के ल के पदों का मान समीकरण (3) में रखने पर—

$$\frac{8}{5} ल + \frac{16}{5} ल + 3ल = 78$$

$$\text{अर्थात्} \quad \frac{39}{5} ल = 78$$

अर्थात् ल = 10

अत: य = 4, र = 16 तथा ल = 10

II. द्वितीय प्रकार

इस प्रकार के युगपत् समीकरणों के दक्षिण पक्ष में तीनों ही समीकरणों में सार्थक संख्याएँ होती हैं। इसे परावर्त्य (तिर्यक् गुणन) विधि द्वारा, दाहिने

पक्ष में शून्यवाले दो समीकरण प्राप्त कर, हल कर सकते हैं अथवा लोपन-स्थापन विधि द्वारा हल कर सकते हैं।

उदाहरण (1) : समीकरण $2य + 5र + 2ल = 18,$ ......(1)

$3य - 2र + ल = 6,$ ......(2)

$य + 3र - ल = 8$ ......(3)

को हल करो।

प्रथम विधि— समीकरण (2) में 3 का गुणा कर समीकरण (1) से घटाने पर—

$$- 7य + 11र - ल = 0$$

अर्थात् $- 7य + 11र = ल$ ....(4)

समीकरण (2) में 4 का गुणा किया, तदुपरांत समीकरण (3) में 3 का गुणा करके घटाने पर—

$$9य - 17र + 7ल = 0$$

अर्थात् $9य - 17र = - 7ल$ ....(5)

दोनों समीकरणों को परावर्त्य सूत्र (तिर्यक् गुणन विधि) से य तथा र के लिए हल करने पर—

$$य = \frac{- 77ल + 17ल}{99 - 119} = 3ल$$

$$र = \frac{9ल - 49ल}{99 - 199} = 2ल$$

समीकरण (3) में य तथा र का मान रखने पर—

$$3ल + 6ल - ल = 8$$

अर्थात् $ल = 1$

अतः $य = 3,\ र = 2$ तथा $ल = 1$

द्वितीय विधि (लोपनस्थापन विधि)—समीकरण (2) में 2 का गुणा कर समीकरण (1) से घटाने पर—

$$- 4य + 9र = 6$$

समीकरण (2) तथा (3) जोड़ने पर—

$$4य + र = 14$$

दोनों समीकरणों को जोड़ने पर 10र = 20 ⇒ र = 2

∴ 4य + 2 = 14 ⇒ य = 3

समीकरण (2) में य तथा र का मान रखने पर

9 − 4 + ल = 6 ⇒ ल = 1

उत्तर य = 3, र = 2 तथा ल = 1

उदाहरण (2) : समीकरण य + 2र + 3ल = 25, ...(1)

5य + र + 2ल = 25, ...(2)

तथा 3य − 5र + ल = 8 ......(3)

को हल करो।

हल— प्रथम विधि— समीकरण (1) से समीकरण (2) घटाने पर—

− 4य + र + ल = 0

समीकरण (3) को 3 से गुणा करके समीकरण (1) से घटाने पर—

− 8य + 17र = 1

इस समीकरण को 8 से गुणा करके समीकरण (3) से घटाने पर—

67य − 141र + ल = 0

समीकरण − 4य + र + ल = 0 अर्थात् − 4य + र = − ल

तथा 67य − 141र + ल = 0 अर्थात् 67य − 141र = − ल

को परावर्त्य सूत्र (तिर्यक् गुणन विधि) से हल करने पर—

$$\text{य} = \frac{-\text{ल} - 141\text{ल}}{67 - 564} = \frac{2\text{ल}}{7}$$

$$\text{र} = \frac{-67\text{ल} - 4\text{ल}}{67 - 564} = \frac{\text{ल}}{7}$$

समीकरण (3) में य तथा र के मान रखने पर सूत्र लोपनस्थापनाभ्याम् से—

$$\frac{6\text{ल}}{7} - \frac{5\text{ल}}{7} + \text{ल} = 8$$

अर्थात् $$\frac{8}{7}\text{ल} = 8$$

अतः ल = 7

इसलिए $\quad$ य = 2, र = 1 तथा ल = 7

उत्तर $\quad$ य = 2, र = 1, ल = 7

द्वितीय विधि (लोपनस्थापन विधि) : समीकरण (3) में 3 का गुणा कर समीकरण (1) से घटाने पर—

– 8य + 17र = 1 ....(4)

समीकरण (3) में 2 का गुणा कर समीकरण (2) से घटाने पर—

– य + 11र = 9 ....(5)

इस समीकरण में 8 का गुणा करके समीकरण (4) से घटाने पर—

– 8य + 17र = 1

∓ 8य ± 88र = ± 72

– 71र = – 71

∴ $\quad$ र = 1

र का मान समीकरण (5) में रखने पर—

– य + 11 = 9

अत: $\quad$ य = 2

य तथा र के मान समीकरण (3) में रखने पर—

3 × 2 – 5 × 1 + ल = 8

∴ $\quad$ ल = 7

अत: य = 2, र = 1 तथा ल = 7

उत्तर य = 2, र = 1 तथा ल = 7

उदाहरण (3) : समीकरण $\quad$ क + ख – 3ग = 0, ...(1)

क – 3ख + ग = 2, ...(2)

तथा $\quad$ – 3क + ख + ग = 4 ......(3)

को हल करो।

हल— यहाँ विलोकनम् सूत्र का उपयोग करेंगे।

समीकरण (1), (2) तथा (3) को जोड़ने पर—

अर्थात् $\quad$ क + ख + ग = – 6 ....(4)

इस समीकरण में से समीकरण (1), (2) तथा (3) घटाने पर—

क्रमशः ग $= -\frac{3}{2}$, ख $= -2$, क $= -\frac{5}{2}$

उत्तर क $= -\frac{5}{2}$, ख $= -2$ तथा ग $= -\frac{3}{2}$

उदाहरण (4) : समीकरण य + 2र + 3ल = 5, ...(1)

2य + 3र + 4ल = 7, ...(2)

तथा 3य + 5र + 6ल = 10 ......(3)

को हल करो।

हल— यहाँ विलोकनम् सूत्र का उपयोग करेंगे। समीकरण (1) तथा (2) जोड़कर उससे समीकरण (3) घटाने पर ल = 2

समीकरण (1) तथा (2) में ल का मान रखने पर—

य + 2र = − 1 ....(4)

2य + 3र = − 1 ....(5)

अब समीकरण (4) तथा (5) को 'लोपनस्थापन' विधि से हल करेंगे। समीकरण (4) में 2 का गुणा करके उससे समीकरण (5) घटाने पर—

र = − 1

समीकरण (4) में र का मान रखने पर

य = 1

उत्तर य = 1, र = − 1 तथा ल = 2

बहु युगपत् सरल समीकरण हल करने की अन्य सरल विधियाँ हैं, जो व्यवहार में अत्यंत उपयोगी सिद्ध होती हैं तथा वैदिक सूत्र विधियों की श्रेणियों में आती हैं। यहाँ उनका वर्णन नहीं किया जा रहा है, क्योंकि यह स्थान इसके लिए उपयुक्त नहीं है। ये विधियाँ प्रचलित सारणिक और आव्यूह विधियों से मिलती-जुलती हैं।

अभ्यास प्रश्न : निम्नलिखित युगपत् समीकरणों को हल करो—

(1) 3य + 5र − 2ल = 17,

2य − 3र + ल = 1,

तथा य + 2र − 3ल = 4।

(2) 8य $+ 3$र $- 5$ल $= 0,$

$- 2$य $+$ र $+ 3$ल $= 0,$

तथा य $- 2$र $+ 7$ल $= 10$।

(3) य $+ 2$र $+ 3$ल $= 10,$

2य $+ 3$र $+ 4$ल $= 24,$

तथा य $+$ र $+ 15$ल $= 28$।

(4) य $+$ र $-$ ल $= 5,$

य $-$ र $+$ ल $= 7,$

तथा $-$ य $+$ र $+$ ल $= 9$।

❑

अध्याय 15

युगपत द्विघात समीकरण

युगपत् द्विघात समीकरण को हल करने के लिए प्रयोग में आनेवाले सूत्र पूर्व वर्णित सूत्रों में से ही हैं। यहाँ केवल उनका वास्तविक अनुप्रयोग, युक्तियाँ तथा कार्यविधि दर्शाई गई है। युगपत् द्विघात समीकरण दो वर्गों में बाँटे जा सकते हैं—

(i) जब दोनों समीकरणों में से एक सरल तथा दूसरा द्विघात समीकरण हो।

(ii) जब दोनों समीकरण द्विघातवाले हों।

I. प्रथम प्रकार के युगपत् समीकरण

प्रथम प्रकार के युगपत् समीकरण जिनमें एक सरल समीकरण है, से परावर्त्य विधि का प्रयोग कर एक अज्ञात राशि का मान दूसरी अज्ञात राशि के पदों में ज्ञात कर अन्य समीकरण में प्रतिस्थापित करेंगे तथा द्विघात समीकरण को हल कर एक अज्ञात राशि का मान निकाल लेंगे तथा उस राशि का मान सरल समीकरण में रखकर दूसरी अज्ञात राशि का मान निकाल सकेंगे।

उदाहरण (1) : समीकरण $4\text{य} - 3\text{र} = 5$ ......(1)

तथा $3\text{य}^2 - 2\text{र}^2 = 10$ ......(2)

को हल करो।

हल— प्रथम समीकरण में परावर्त्य विधि से $4\text{य} = 3\text{र} + 5$

अर्थात् $\text{य} = \frac{3}{4}\text{र} + \frac{5}{4}$

समीकरण (2) में य के मान का प्रतिस्थापन करने पर

$$3\left(\frac{3}{4}\text{र} + \frac{5}{4}\right)^2 - 2\text{र}^2 = 10$$

अर्थात् $3(3\text{र} + 5)^2 - 32\text{र}^2 = 160$

अर्थात् $27\text{र}^2 + 90\text{र} + 75 - 32\text{र}^2 = 160$

अर्थात् $-5\text{र}^2 + 90\text{र} - 85 = 0$

अर्थात् $\text{र}^2 - 18\text{र} + 17 = 0$

अर्थात् $(\text{र} - 17)(\text{र} - 1) = 0$

अत: र = 1, 17 तथा य = 2, 14

उत्तर य = 2, 14

र = 1, 17

उदाहरण (2) : समीकरण य − र = 2 ....(1)

तथा य र = 15 ....(2)

को हल करो।

हल— प्रथम विधि : विलोकनम् सूत्र से—

य = 5, − 3

र = 3, − 5

द्वितीय विधि : समीकरण (1) के लिए परावर्त्य सूत्र से य = र + 2

समीकरण (2) में य का प्रतिस्थापन करने पर

$(\text{र} + 2)\ \text{र} = 15$

अर्थात $\text{र}^2 + 2\text{र} - 15 = 0$

अर्थात र = 3, − 5

एवं य = 5, − 3

उत्तर य = 5, − 3

र = 3, − 5

तृतीय विधि : य − र = 2

अर्थात् $(\text{य} - \text{र})^2 = 4$

अर्थात् $\text{य}^2 + \text{र}^2 - 2\text{य र} = 4$

अर्थात् $\text{य}^2 + \text{र}^2 + 2\text{य र} = 4 + 4\ \text{य र}$

अर्थात् $(\text{य} + \text{र})^2 = 4 + 4 \times 15$

अर्थात् $य + र = \pm 8$

परंतु $य - र = 2$

उपसूत्र 'संकलन व्यवकलनाभ्याम्' के अनुप्रयोग से $य = 5, -3$ तथा $र = 3, -5$

उदाहरण (3) : समीकरण $य + र = 4$ ...(1)

तथा $य^2 + 3य\,र + 2र^2 + 4य - र = 10$ ...(2)

को हल करो।

हल— प्रथम विधि : समीकरण (1) में परावर्त्य सूत्र से $र = 4 - य$

समीकरण (2) में र का य के पदों में मान प्रतिस्थापित करने से—

$$य^2 + 3य\,(4 - य) + 2(4 - य)^2 + 4य - (4 - य) = 10$$

अर्थात् $य^2 + 12य - 3य^2 + 32 - 16य + 2य^2 + 4य - 4 + य - 10 = 0$

अतः $य = -18$ तथा $र = 22$

द्वितीय विधि : समीकरण (2) के वाम पक्ष के द्विघातीय पदों के गुणनखंडन से $(य + र)(य + 2र) + (4य - 2) = 10$

समीकरण (1) से हमें ज्ञात है $य + र = 4$

अतः $4(य + 2र) + 4य - र = 10$

अर्थात् $8य + 7र = 10$

समीकरण (1) में परावर्त्य सूत्र लगाने से $र = 4 - य$

$\therefore$ $8य + 7(4 - य) = 10$

अर्थात् $य = -18$

तथा $र = 22$

उत्तर $य = -18,\ र = 22$

II. द्वितीय प्रकार के युगपत् समघातीय द्विघात समीकरण

इस प्रकार के समीकरण हल करने हेतु दोनों समीकरणों में उचित स्थिर संख्याओं का गुणा कर दोनों समीकरणों के स्थिर पद समान बनाकर स्थिर पद को घटाने की क्रिया द्वारा विलोपन करने के बाद गुणनखंडन द्वारा दोनों अज्ञात राशियों में सरल समीकरण प्राप्त कर प्रश्न हल करते हैं।

उदाहरण (1) : समीकरण $2य^2 + य\,र + र^2 = 88$ ......(1)

तथा $2य^2 + 3य\,र = 88$ ......(2)

को हल करो।

हल— समीकरण (1) से समीकरण (2) को घटाकर निरपेक्ष पद के विलोपन से -2य र $+$ र$^2 = 0$

अर्थात् र $= 0,\ 2$य

समीकरण (2) में रखने पर—

2य$^2 = 88,\ 8$य$^2 = 88$

अर्थात् य $= \pm 2\sqrt{11},\ \pm\sqrt{11}$

तथा र $= 0,\ \pm 2\sqrt{11}$

उत्तर य $= \pm 2\sqrt{11},\ \pm\sqrt{11}$

र $= 0,\ \pm 2\sqrt{11}$

उदाहरण (2) : समीकरण 3य$^2 - 5$य र $+ 2$र$^2 = 3$ ......(1)

तथा य$^2 +$ र$^2 = 1$ ......(2)

को हल करो।

हल— समीकरण (2) में 3 का गुणा करके उसे समीकरण (1) में से घटाने पर -5 य र $-$ र$^2 = 0$

अर्थात् र $= 0,\ -5$य

समीकरण (2) में र का मान प्रतिस्थापित करने पर—

य $= \pm 1,\ \pm\dfrac{1}{\sqrt{26}}$

और र $= 0, \pm\dfrac{5}{\sqrt{26}}$

उत्तर य $= 1,\ -1,\ \dfrac{1}{\sqrt{26}},\ -\dfrac{1}{\sqrt{26}}$

र $= 0,\ 0,\ \dfrac{5}{\sqrt{26}},\ -\dfrac{5}{\sqrt{26}}$

III. तृतीय प्रकार के युगपत् द्विघात समीकरण

तीसरे प्रकार के युगपत् द्विघात समीकरण के अंदर दिए दोनों समीकरण दो घात द्विचर सामान्य समीकरण होते हैं। ऐसी स्थिति में समीकरण के दक्षिण पक्ष को परावर्त्य सूत्र द्वारा शून्य बनाकर वामपक्ष के गुणनखंड किए जाते हैं।

द्विघात समीकरणों को सरल समीकरणों में तोड़कर उनके उभयनिष्ठ हल ज्ञात कर लिये जाते हैं।

उदाहरण : $य^2 - 3य\,र + 2र^2 + 2य - 7र + 3 = 0$ ......(1)

तथा $य^2 - र^2 = 8$ ......(2)

को हल करो।

हल— समीकरण (1) के गुणनखंड करने पर —

$$(य - 2र + 1)(य - र + 3) = 0$$

अतः $य - 2र + 1 = 0$ अथवा $य - र + 3 = 0$

समीकरण (2) में $य = 2र - 1$ रखने पर $(2र - 1)^2 - र^2 = 8$

अर्थात् $4र^2 - 4र + 1 - र^2 - 8 = 0$

अर्थात् $3र^2 - 4र - 7 = 0$

अर्थात् $(3र - 7)(र + 1) = 0$

अतः $र = \frac{7}{3}, -1$

तथा $य = \frac{14}{3}, -3$

समीकरण (2) में $य = र - 3$ रखने पर

$$(र - 3)^2 - र^2 = 8$$

अर्थात् $र^2 - 6र + 9 - र^2 = 8$

अर्थात् $6र = 1$

अतः $र = \frac{1}{6}$

तथा $य = -\frac{17}{6}$

उत्तर $य = -\frac{17}{6}, \frac{14}{3}, -3$

$र = \frac{1}{6}, \frac{7}{3}, -1$

अभ्यास प्रश्न : निम्नलिखित युगपत् समीकरण हल करो—

1. $3य + 2र = 7$

तथा $5य^2 + 4र^2 = 21$

2. $य + र = 7,$

तथा $य^2 - र^2 = 7$

3. $य^2 - र^2 = 8$

तथा $य^2 + र^2 - य र = 7$

4. $य^2 + र^2 + 2य र + 3(य + र) + 2 = 0$

तथा $य^2 - र^2 = 6$

❑

अध्याय 16

बहु युगपत् विविध उच्चघातीय समीकरण

इस अध्याय में हम विविध प्रकार के युगपत् समीकरण लेंगे तथा उनको हल करने की युक्तियों का वर्णन करेंगे।

उदाहरण (1) : समीकरण य + र + ल = 6, ...(1)

य र + र ल + ल य = 11, ...(2)

तथा य र ल = 6 ......(3)

को हल करो।

हल—इस प्रकार के युगपत समीकरण जो य, र एवं ल में क्रमशः एक, दो तथा तीन घात के तीन सममित समीकरण हैं, को हल करने के लिए हम एक नया समीकरण तैयार करने की युक्ति का सहारा ले सकते हैं। चूँकि समीक़रण $व^3$ - (य + र + ल) $व^2$ + (य र + र ल + ल य)व - य र ल = 0 के मूल य, र एवं ल हैं। दिए समीकरणों से य + र + ल, य र + र ल + ल य एवं य र ल के मान रखकर हम सहायक समीकरण प्राप्त करेंगे तब उसके मूल ज्ञात करके दिए हुए युगपत् समीकरण के हल प्राप्त कर लेंगे।

सहायक समीकरण $व^3 - 6व^2 + 11व - 6 = 0$

अतः व = 1, 2, 3

इसलिए

य =	1,	2,	3,	1,	2,	3
र =	2,	3,	1,	3,	1,	2
ल =	3,	1,	2,	2,	3,	1

उदाहरण (2) : समीकरण $य + र + ल = 2$ ......(1)

$य^2 + र^2 + ल^2 = 6$ ......(2)

$य\ र\ ल = -2$ ......(3)

को हल करो।

हल— यह भी पूर्व प्रकार से मिलता प्रश्न है।

समीकरण (1) तथा (2) से

$$2(य\ र + र\ ल + ल\ य) = (य + र + ल)^2 - (य^2 + र^2 + ल^2)$$

अतः $$य\ र + र\ ल + ल\ य = \frac{1}{2} . (2^2 - 6) = -1$$

इसलिए सहायक समीकरण—

$$व^3 - 2व^2 - व + 2 = 0$$

अतः $व = -1, 1, 2$

अतः य, र, ल में सममित होने के कारण

य =	−1,	1,	2,	−1,	1,	2
र =	1,	2,	−1,	2,	−1,	1
ल =	2,	−1,	1,	1,	2	−1

उदाहरण (3) : $य\ र + र\ ल - ल\ य = 5,$ ....(1)

$य\ र - र\ ल + ल\ य = -1,$ ....(2)

तथा $-य\ र + र\ ल + ल\ य = 7$ ....(3)

को हल करो।

हल— युक्ति से समीकरण (1), (2) तथा (3) को जोड़ने पर—

$य\ र + र\ ल + ल\ य = 11$ ....(4)

समीकरण (4) से क्रमशः समीकरण (1), (2) तथा (3) को अलग-अलग घटाने से—

$2ल\ य = 6$ अर्थात् $ल\ य = 3$ ....(5)

$2र\ ल = 12$ अर्थात् $र\ ल = 6$ ....(6)

$2य\ र = 4$ अर्थात् $य\ र = 2$ ....(7)

समीकरण (5), (6) तथा (7) को परस्पर गुणा करने पर—

$$य^2\ र^2\ ल^2 = 36$$

वर्गमूल लेने पर य र ल = ±6 ....(8)

समीकरण (8) में क्रमशः समीकरण (5), (6) तथा (7) से भाग देने पर र = ±2, य = ±1, ल = ±3

उत्तर

य	1	− 1
र	2	− 2
ल	3	− 3

उदाहरण (4) : समीकरण

य र + य + र = 11, ...(1)

र ल + र + ल = 19, ...(2)

तथा ल य + ल + य = 14 ....(3)

को हल करो।

हल— समीकरण (1), (2) तथा (3) के दोनों पक्षों में 1 जोड़ने पर—

(य + 1)(र + 1) = 12 ....(4)

(र + 1)(ल + 1) = 20 ....(5)

(ल + 1)(य + 1) = 15 ....(6)

समीकरण (4), (5) और (6) का परस्पर गुणा करने पर—

(य + 1)^2 (र + 1)^2 (ल + 1)^2 = 3600

अतः (य + 1)(र + 1)(ल + 1) = ± 60 ....(7)

समीकरण (7) में क्रमशः समीकरण (4), (5) तथा (6) का भाग देने पर ल + 1 = ± 5, य + 1 = ± 3, र + 1 = ± 4,

अतः ल = 4, − 6,

य = 2, − 4,

तथा र = 3, − 5

उत्तर

य	2	− 4
र	3	− 5
ल	4	− 6

उदाहरण (5) : समीकरण $य^2 + य\ ल + य\ र = 6,$ ......(1)

$र^2 + य\ र + र\ ल = 12,$ ......(2)

तथा $ल^2 + ल\ य + र\ ल = 18$ ......(3)

को हल करो।

हल— युक्ति से समीकरण (1), (2) तथा (3) को जोड़ने पर—

$$य\ (य + ल + र) + र(र + य + ल) + ल(ल + य + र) = 36$$

अर्थात् $(य + र + ल)^2 = 36$

अतः $(य + र + ल) = \pm 6$ ....(4)

समीकरण (4) का समीकरण (1), (2) तथा (3) में क्रमशः भाग देने पर—

$य = \pm 1$

$र = \pm 2$

$ल = \pm 3$

उदाहरण (6) : समीकरण $य^3 + र^3 - ल^3 = 151,$ ......(1)

$य^2 + र^2 + ल^2 = 35,$ ......(2)

तथा $य + र - ल = 7$ ......(3)

को हल करो।

हल—

$\because 2(य\ र - र\ ल - ल\ य) = (य + र - ल)^2 - (य^2 + र^2 + ल^2)$

समीकरण (2) तथा (3) के अनुप्रयोग से —

$2(य\ र - र\ ल - ल\ य) = 7^2 - 35$

$\therefore\ य\ र - र\ ल - ल\ य = 7$ ....(4)

$\because\ 3य\ र\ ल = (य + र - ल)(य^2 + र^2 + ल^2 - य\ र + ल\ य + र\ ल)$
$- (य^3 + र^3 - ल^3)$

समीकरण (1), (2), (3) तथा (4) के अनुप्रयोग से—

$3य\ र\ ल = 7(35 - 7) - 151$

$= 45$

अतः $य\ र\ ल = 15$ ....(5)

सहायक समीकरण

$व^3 - (य + र - ल)\ व^2 + (य\ र - र\ ल - ल\ य)\ व + य\ र\ ल = 0$

अर्थात् $व^3 - 7व^2 + 7व + 15 = 0$

अतः $व = -1, 3, 5$ जो य, र तथा – ल के मान हैं।

य, र, - ल की सममित से

य	- 1	- 1	3	3	5	5
र	3	5	5	- 1	- 1	3
ल	- 5	- 3	1	- 5	- 3	1

अभ्यास प्रश्न : निम्नलिखित युगपत् समीकरणों को हल करो—

(1) य - 2र + ल = 3,

- य ल + 2य र + 2र ल = 4,

तथा य र ल = 6

(2) $य^3 + र^3 + ल^3 = 8$,

$य^2 + र^2 + ल^2 = 6$,

तथा य + र + ल = 2

(3) $य^2 - र . ल = - 5$,

$र^2 - ल . य = 7$,

तथा $ल^2 - य . र = 1$

(4) $य^2 + र^2 -$ य ल - र ल = 2,

$र^2 + ल^2 -$ य र - य ल = 8,

तथा $य^2 + ल^2 -$ य र - र ल = - 4

(5) य र + 3(य + र) = 11,

र ल + 3(र + ल) = 21,

तथा ल य + 3(ल + य) = 15

(6) $य^2 +$ 2य र + 3य ल = 50,

$2र^2 +$ 3र ल + य र = 10,

तथा $3ल^2 +$ य ल + 2र ल = 10

❑

अध्याय 17

आंशिक भिन्न

विभिन्न गणितीय प्रक्रियाओं में, विशेषकर श्रेणी-योग एवं समाकलन में आंशिक भिन्न बहुत ही महत्त्वपूर्ण विषय है। दिए गए भिन्न के आंशिक भिन्न बनाने की परंपरागत प्रक्रिया श्रमसाध्य है; परंतु परावर्त्य सूत्र द्वारा तत्काल मनस्थ एक पंक्ति उत्तर प्राप्त हो जाता है; यथा—

$\frac{\text{क य}^2 + \text{ख य} + \text{ग}}{(\text{य} - \text{त})(\text{य} - \text{थ})(\text{य} - \text{द})}$ के आंशिक भिन्न बनाने के लिए प्रचलित विधि के अनुसार सर्वप्रथम हम मानेंगे—

$$\frac{\text{क य}^2 + \text{ख य} + \text{ग}}{(\text{य} - \text{त})(\text{य} - \text{थ})(\text{य} - \text{द})} = \frac{\text{प}}{\text{य} - \text{त}} + \frac{\text{फ}}{\text{य} - \text{थ}} + \frac{\text{ब}}{\text{य} - \text{द}}$$

प्रचलित विधि में दक्षिण पक्ष की भिन्नों को ल. स. विधि द्वारा सरल करके एक भिन्न के रूप में बदलेंगे। इसके बाद दोनों ओर के भिन्नों के अंशों को समान रखेंगे तथा दोनों पक्षों के समान घात की गुणन-संख्याओं की तुलना करके समीकरण प्राप्त करते हैं, जिन्हें सरल कर प, फ, ब के मान ज्ञात करते हैं। यह प्रक्रिया काफी लंबी तथा कष्टप्रद है। वैदिक विधि के द्वारा प, फ, ब........ आदि को आसानी से मौखिक रूप से ज्ञात कर सकते हैं। इसके लिए :

(i) सर्वप्रथम दिए भिन्न के प वाले आंशिक भिन्न के हर का मान

शून्य रखते हैं; फलस्वरूप य का परावर्त्य सूत्र से मान त प्राप्त करते हैं।

(ii) तत्पश्चात् मन-ही-मन इस मान त को दिए व्यंजक में य - त से गुणा करने के बाद रखते हैं, यही प का अभीष्ट मान होगा।

(iii) इसी प्रकार हम फ, ब .... इत्यादि संख्याओं का मान निकाल कर दिए भिन्न के आंशिक भिन्न प्राप्त कर लेते हैं। उपर्युक्त उदाहरण के लिए—

$$प = \frac{क\ त^2 + ख\ त + ग}{(त - थ)(त - द)}$$

$$फ = \frac{क\ थ^2 + ख\ थ + ग}{(थ - त)(थ - द)}$$

$$ब = \frac{क\ द^2 + ख\ द + ग}{(द - त)(द - थ)}$$

उदाहरण (1) : $\frac{2य + 5}{(य - 1)(य + 3)}$ के आंशिक भिन्न बनाओ।

हल— $$\frac{2य + 5}{(य + 1)(य + 3)} = \frac{\left\{\frac{2(-1) + 5}{-1 + 3}\right\}}{य + 1} + \frac{\left\{\frac{2(-3) + 5}{-3 + 1}\right\}}{य + 3}$$

$$= \frac{3}{2(य + 1)} + \frac{1}{2(य + 3)}$$

उदाहरण (2) : $\frac{2य + 3}{य^3 - 6य^2 + 11य - 6}$ के आंशिक भिन्न बनाओ।

हल— $$\frac{2य + 3}{य^3 - 6य^2 + 11य - 6} = \frac{2य + 3}{(य - 1)(य - 2)(य - 3)}$$

$$= \frac{\left\{\frac{2 + 3}{(1 - 2)(1 - 3)}\right\}}{य - 1} + \frac{\left\{\frac{2\times2 + 3}{(2 - 1)(2 - 3)}\right\}}{य - 2} + \frac{\left\{\frac{2\times3 + 3}{(3 - 1)(3 - 2)}\right\}}{य - 3}$$

$$= \frac{5}{2(य - 1)} - \frac{7}{य - 2} + \frac{9}{2(य - 3)}$$

उदाहरण (3) : $\frac{2य^3 - 11य^2 + 12य + 1}{य^3 - 6य^2 + 11य - 6}$ के आंशिक भिन्न बनाओ।

हल— $$\frac{2य^3 - 11य^2 + 12य + 1}{य^3 - 6य^2 + 11य - 6} = 2 + \frac{य^2 - 10य + 13}{य^3 - 6य^2 + 11य - 6}$$

$$= 2 + \frac{य^2 - 10य + 13}{(य - 1)(य - 2)(य - 3)}$$

$$= 2 + \frac{2}{य - 1} + \frac{3}{य - 2} - \frac{4}{य - 3}$$

I. $\frac{क_1 य^न + क_2 य^{न-1} + क_3 य^{न-2} + ...क_{न+1}}{(य - त)^{न+1}}$ **के स्वरूपवाली आवर्त गुणनखंडवाले हर की भिन्न को आंशिक भिन्न में बदलना—**

यदि हर एक गुणनखंड की पुनरावृत्ति से ही बना है, तब आंशिक भिन्न बनाने की प्रचलित विधि में प्रतिस्थापन तथा भाग का सहारा लिया जाता है।

यहाँ हम वैदिक विधि की तलाश में प्रचलित सामान्य आंशिक भिन्न बनाने की विधि का सहारा लेते हुए आगे बढ़ते हैं।

(i) $\frac{क य + ख}{(य - त)^2}$ के आंशिक भिन्न के प्रकरण में—

माना $$\frac{क य + ख}{(य - त)^2} = \frac{प}{(य - त)^2} + \frac{फ}{(य - त)}$$

$$= \frac{प + फ (य - त)}{(य - त)^2}$$

अत: $क य + ख = प + फ (य - त)$

य की विभिन्न घातों की गुणन-संख्याओं की तुलना से—

$$क = फ \text{ तथा } ख = प - फ\,त$$

अत: $$फ = क \text{ तथा } प = क\,त + ख$$

$$\therefore \quad \frac{क\,य + ख}{(य - त)^2} = \frac{क\,त + ख}{(य - त)^2} + \frac{क}{(य - त)}$$

(ii) $\dfrac{क\,य^2 + ख\,य + ग}{(य - त)^3}$ के आंशिक भिन्न के प्रकरण में माना

$$\frac{क\,य^2 + ख\,य + ग}{(य - त)^3} = \frac{प}{(य - त)^3} + \frac{फ}{(य - त)^2} + \frac{ब}{य - त}$$

$$= \frac{प + फ\,(य - त) + ब\,(य - त)^2}{(य - त)^3}$$

$\therefore$ $क\,य^2 + ख\,य + ग = प + फ\,(य - त) + ब\,(य - त)^2$

य की विभिन्न घातों की गुणन-संख्याओं की तुलना से—

$$क = ब,\ ख = फ - 2ब\,त \text{ तथा } ग = ब\,त^2 - फ\,त + प$$

अत: $$ब = क,\ फ = 2\,क\,त + ख \text{ एवं } प = क\,त^2 + ख\,त + ग$$

अत: $$\frac{क\,य^2 + ख\,य + ग}{(य - त)^3} = \frac{क\,त^2 + ख\,त + ग}{(य - त)^3} + \frac{2क\,त + ख}{(य - त)^2} + \frac{क}{य - त}$$

(iii) $\dfrac{क\,य^3 + ख\,य^2 + ग\,य + घ}{(य - त)^4}$ के आंशिक भिन्न के प्रकरण में; माना

$$\frac{क\,य^3 + ख\,य^2 + ग\,य + घ}{(य - त)^4} = \frac{प}{(य - त)^4} + \frac{फ}{(य - त)^3} + \frac{ब}{(य - त)^2} + \frac{भ}{य - त}$$

$$= \frac{प + फ(य - त) + ब(य - त)^2 + भ(य - त)^3}{(य - त)^4}$$

अतः $$क\,य^3 + ख\,य^2 + ग\,य + घ = प + फ(य - त) + ब(य - त)^2 + भ(य - त)^3$$

य की विभिन्न घातों की गुणन संख्याओं की तुलना से—

$$क = भ,\; ख = ब - 3भ\,त,\; ग = फ - 2ब\,त + 3ग\,त^2$$

एवं $$घ = प - फ\,त + ब\,त^2 - भ\,त^3$$

अतः
$$भ = क$$
$$ब = 3क\,त + ख$$
$$फ = ग + 2त\,(3क\,त + ख) - 3क\,त^2 = 3क\,त^2 + 2ख\,त + ग$$
$$प = घ + त\,(3क\,त^2 + 2ख\,त + ग) - (3क\,त + ख)त^2 + क\,त^3 = क\,त^3 + ख\,त^2 + ग\,त + घ$$

अतः $$\frac{क\,य^3 + ख\,य^2 + ग\,य + घ}{(य - त)^4} = \frac{क\,त^3 + ख\,त^2 + ग\,त + घ}{(य - त)^4} + \frac{3क\,त^2 + 2ख\,त^2 + ग}{(य - त)^3} + \frac{3क\,त + ख}{(य - त)^2} + \frac{क}{(य - त)}$$

$$= \frac{(अंश)_{य=त}}{(य - त)^4} + \frac{(अंश\ का\ प्रथम\ अवकल)_{य=त}}{\lfloor 1(य - त)^3} + \frac{(अंश\ का\ द्वितीय\ अवकल)_{य=त}}{\lfloor 2(य - त)^2} + \frac{(अंश\ का\ तृतीय\ अवकल)_{य=त}}{\lfloor 3(य - त)}$$

यहाँ $\lfloor न$ से तात्पर्य 1×2×3×4×5×........... न है।

यह विधि निश्चय ही एक पंक्ति उत्तर प्रदान करती है तथा इसका सामान्यीकरण हो सकता है। इस विधि को समझाने के लिए उदाहरण लेते हैं।

उदाहरण : $\dfrac{2य^2 + 3य - 1}{(य - 5)^3}$ की आंशिक भिन्न बनाओ।

हल— $$\frac{2य^2 + 3य - 1}{(य - 5)^3} = \frac{2\times5^2 + 3\times5 - 1}{(य - 5)^3} + \frac{4\times5 + 3}{\lfloor 1 (य - 5)^2} + \frac{4}{\lfloor 2 (य - 5)}$$

$$= \frac{64}{(य - 5)^3} + \frac{23}{(य - 5)^2} + \frac{2}{(य - 5)}$$

स्मरण रहे कि अंश = $2य^2 + 3य - 1$,

अंश का प्रथम अवकल = $4य + 3$,

तथा अंश का द्वितीय अवकल = 4.

प्रचलित विधि द्वारा प्रश्न को हल करके देखते हैं—

$$\frac{2य^2 + 3य - 1}{(य - 5)^3} = \frac{2(र + 5)^2 + 3(र + 5) - 1}{र^3} \text{ जहाँ कि } र = य - 5$$

$$= \frac{2र^2 + 23र + 64}{र^3} \text{ जहाँ कि } र = य - 5$$

$$= \frac{64}{र^3} + \frac{23}{र^2} + \frac{2}{र} \text{ जहाँ कि } र = य - 5$$

$$= \frac{64}{(य - 5)^3} + \frac{23}{(य - 5)^2} + \frac{2}{य - 5}$$

II. $\frac{क_1 य^न + क_2 य^{न-1} + क_3 य^{न-2} + ...क_{न+1}}{(य - त)(य - थ)^न}$ के स्वरूपवाली आवर्त गुणनखंडवाले हर की भिन्न के आंशिक भिन्न बनाना—

इस हेतु माना $$\frac{क_1 य^न + क_2 य^{न-1} + क_3 य^{न-2} + ...क_{न+1}}{(य - त)(य - थ)^न}$$

$$= \frac{प}{य - त} + \frac{फ_1}{य - थ} + \frac{फ_2}{(य - थ)^2} + ... \frac{फ_न}{(य - थ)^न}$$

प का मान ज्ञात करने के लिए दिए भिन्न में य – त का गुणा करने के बाद य = त रखेंगे। $फ_न$ का मान ज्ञात करने के लिए दिए भिन्न में $(य - थ)^न$ का गुणा करने के बाद य = थ रखेंगे। $फ_1$, $फ_2$, $फ_3$,......$फ_{न-1}$

का मान ज्ञात करने के लिए दक्षिण पक्ष को सरल कर एक भिन्न के रूप में प्राप्त करने के उपरांत उसके अंश की दिए भिन्न के अंश से तुलना करने पर

$य^न$ की गुणन-संख्याओं की तुलना करने पर $क_1 = प + फ_1$

$य^{न-1}$ की गुणन-संख्याओं की तुलना करने पर

$$क_2 = - प न + \left\{ त थ (न - 1) + \frac{(न - 1)(न - 2)}{\underline{|2}} थ^2 \right\} फ_1 + फ_2$$

इसी प्रकार य की अन्य घातों की गुणन-संख्याओं की तुलना से अन्य समीकरण प्राप्त किए जा सकते हैं तथा उनको हल कर $फ_1$, $फ_2$, $फ_3$,...इत्यादि के मान ज्ञात किए जा सकते हैं।

उदाहरण : $\frac{2य^3 + 3य^2 - य + 1}{(य - 1)(य - 2)^3}$ के आंशिक भिन्न बनाओ।

हल— माना $$\frac{2य^3 + 3य^2 - य + 1}{(य - 1)(य - 2)^3} = \frac{प}{य - 1} + \frac{फ_1}{(य - 2)} + \frac{फ_2}{(य - 2)^2} + \frac{फ_3}{(य - 2)^3}$$

परावर्त्य सूत्र से $\frac{2य^3 + 3य^2 - य + 1}{(य - 2)^3}$ में य = 1 रखने पर प = – 5

$\frac{2य^3 + 3य^2 - य + 1}{य - 1}$ में य = 2 रखने पर $फ_3 = 2$

$$2य^3 + 3य^2 - य + 1 = प(य - 2)^3 + फ_1(य - 2)^2 (य - 1) + फ_2 (य - 2)(य - 1) + फ_3 (य - 1)$$

$य^3$ की गुणन-संख्याओं की तुलना से—

$$2 = प + फ_1 \Rightarrow फ_1 = 7$$

$य^2$ की गुणन-संख्याओं की तुलना से—

$$3 = - 6 प + फ_1 (- 1 - 2.2) + फ_2 \Rightarrow फ_2 = 8$$

अत: $$\frac{2य^3 + 3य^2 - य + 1}{(य - 1)(य - 2)^3} = -\frac{5}{य - 1} + \frac{7}{य - 2} + \frac{8}{(य - 2)^2} + \frac{27}{(य - 2)^3}$$

वैकल्पिक विधि (वैदिक परावर्त्य विधि)

$$\frac{2य^3 + 3य - य + 1}{(य - 1)(य - 2)^3} = -\frac{5}{य - 1} + \frac{2य^3 + 3य^2 - य + 1 + 5(य - 2)^3}{(य - 1)(य - 2)^3}$$

$$= -\frac{5}{य - 1} + \frac{7य^3 - 27य^2 + 59य - 39}{(य - 1)(य - 2)^3}$$

$$= -\frac{5}{य - 1} + \frac{7य^2 - 20य + 39}{(य - 2)^3}$$

$$= -\frac{5}{य - 1} + \frac{7\times2^2 - 20\times2 + 39}{(य - 2)^3} + \frac{14\times2 - 20}{\lfloor 1(य - 2)^2} + \frac{14}{\lfloor 2(य - 2)}$$

$$= -\frac{5}{य - 1} + \frac{27}{(य - 2)^3} + \frac{8}{(य - 2)^2} + \frac{7}{य - 2}$$

III. $$\frac{क_1 य^न + क_2 य^{न-1} + क_3 य^{न-2} + \ldots\ldots क_{न+1}}{(य - त)^2 (य - थ)^{न-1}}$$ **के स्वरूपवाली**

आवर्त गुणनखंडवाले हर की भिन्न को आंशिक भिन्न में बदलना

इस कार्य हेतु परावर्त्य तथा तुलना विधि सम्मिलित रूप से प्रयुक्त होती है।

उदाहरण : $\frac{4य^4 - 2य^3 + 2य^2 - 3}{(य - 1)^2 (य - 2)^3}$ को आंशिक भिन्न के रूप में बदलो।

हल— $$\frac{4य^4 - 2य^3 + 2य^2 - 3}{(य - 1)^2 (य - 2)^3} = - \frac{1}{(य - 1)^2}$$

$$+ \frac{(4य^4 - 2य^3 + 2य^2 - 3) + (य - 2)^3}{(य - 1)^2 (य - 2)^3}$$

$$= - \frac{1}{(य - 1)^2} + \frac{4य^4 - य^3 - 4य^2 + 12य - 11}{(य - 1)^2 (य - 2)^3}$$

$$= - \frac{1}{(य - 1)^2} + \frac{4य^3 + 3य^2 - य + 11}{(य - 1) (य - 2)^3}$$

$$= - \frac{1}{(य - 1)^2} - \frac{17}{य - 1} + \frac{4य^3 + 3य^2 - य + 11 + 17(य - 2)^3}{(य - 1) (य - 2)^3}$$

$$= - \frac{1}{(य - 1)^2} - \frac{17}{य - 1} + \frac{21य^3 - 99य^2 + 203य - 125}{(य - 1) (य - 2)^3}$$

$$= - \frac{1}{(य - 1)^2} - \frac{17}{य - 1} + \frac{21य^2 - 78य + 125}{(य - 2)^3}$$

$$= - \frac{1}{(य - 1)^2} - \frac{17}{य - 1} + \frac{53}{(य - 2)^3} + \frac{6}{(य - 2)^2} + \frac{21}{य - 2}$$

IV. $\frac{क_1 य^{न+1} + क_2 य^न + क_3 य^{न-1} + ...क_{न+2}}{(य - त)^न (ट य^2 + ठ य + ड)}$ **के स्वरूपवाली आवर्त्त गुणनखंडवाले हर की भिन्न को आंशिकभिन्न में बदलना—**

उपर्युक्त विधि का अनुसरण करके य – त की विभिन्न घातोंवाले हरों के संगत आंशिक भिन्न प्राप्त करेंगे, अंत में ट $य^2$ + ठ य + ड हर वाला आंशिक भिन्न स्वयमेव ही प्राप्त हो जाएगा।